从秒赞到疯传

文案力教练Elton的20堂爆款文案课

林郁棠 著

中国经济出版社
CHINA ECONOMIC PUBLISHING HOUSE

图书在版编目（CIP）数据

从秒赞到疯传：文案力教练 Elton 的 20 堂爆款文案课 / 林郁棠著 .-- 北京：中国经济出版社，2023.4（2023.11 重印）

ISBN 978-7-5136-7124-8

Ⅰ . ①从… Ⅱ . ①林… Ⅲ . ①网络营销 - 营销策划 - 文书 - 写作 Ⅳ . ① F713.365.2

中国版本图书馆 CIP 数据核字（2022）第 189018 号

引进书版权合同登记号：图字 01-2022-5600

责任编辑　王　帅
责任印制　马小宾
封面设计　源画设计

出版发行　中国经济出版社
印 刷 者　三河市华晨印务有限公司
经 销 者　各地新华书店
开　　本　880mm×1230mm　1/32
印　　张　7.25
字　　数　102 千字
版　　次　2023 年 4 月第 1 版
印　　次　2023 年 11 月第 2 次
定　　价　59.00 元
广告经营许可证　京西工商广字第 8179 号

中国经济出版社　**网址** www.economyph.com　**社址** 北京市东城区安定门外大街 58 号　**邮编** 100011
本版图书如存在印装质量问题，请与本社销售中心联系调换（联系电话：010-57512564）

[推荐序]

我担心，写完这本书的他，失业了

畅销作家 / 爆文写作教练 欧阳立中

最初认识 Elton，是在 Wally 老师的“讲师精进研修讲座”上。来上这门课的，基本上都是身怀绝技的职业讲师。学员寒暄自介，同时也掂掂彼此斤两。Elton 是让我印象最深刻的一位，他当时是这么跟我聊的：

“嗨，欧阳，我是 Elton。我有买你的故事线上课，真的非常精彩。你真的很厉害！”

我一听他这么说，整个人都轻飘飘的，跟他天南地北聊了起来。后来我才知道，他是一位“文字力教练”，精通文字沟通，并落实在生活中。

读到这里不知道你发现没有，为什么 Elton 在初次见面，就能抢下我的“心占率”呢？先卖个关子，答案就在书里。

故事还没结束，此后，我们成为很好的朋友，他常来参加我办的读书会和课程。

有时，贴心带点心给我；有时，还带了我写的书请我签名。我也常去参加他的课程，像是“文字销售力”“破解 Email 营销的秘密”，上完课甚至欲罢不能，还买了 Elton 的在线课程。

我一直觉得遗憾，Elton 超高含金量的课程内容竟然还没成书。好在，你不会有这个遗憾了，因为你现在读到的这本书，就是 Elton 的全新力作！

我一口气读完书稿，畅快淋漓；Elton 不藏私，把所有的“文字技术”全盘托出。但我只担心一件事——这么老实的他，把吃饭的工具全交给你了，会不会出了书之后，他反而失业了？

但这就是 Elton，冒着失业的风险，也要用一本书改变你的人生。

或许对你而言，这仅是一本“文案书”。但跟 Elton 认识这么久，我知道，“文案书”只是他的一个层次。我眼里的“钞级文字”有三个层次：

第一个层次是："文字攻略本"

很多人以为写作靠的是“天分”，但那只是他们不写的借口；也有很多人认定写作得靠“灵感”，但那只是他们对写作的误解。

一本好的写作书，就像是“游戏攻略本”，会把看似复杂的庞大游戏，拆解得巨细靡遗，包含关卡怎么过、任务怎么解、宝藏怎么拿。

本书就是文字游戏的攻略本。Elton 创建文字的六大关卡分别是：**卖点、受众、标题、诱因、信心、行动**。每个关卡都有它的任务，如：怎么让顾客想买？怎么写出吸睛又吸金的标题？怎么定位自己的产品？

然后，再给你破关公式，例如：悬点标题是“**惊叹+反差**”、广度联结是“**先描述、再比喻**”、找到卖点是“**列举卖点→卖点排序→比较差异**”。只要照着 Elton 的攻略闯关，我不信你会卡关。

第二个层次是："旅游景点本"

我读过不少文案书，大部分文案书中的例子都是知名品牌的文案，如苹果计算机、全联福利中心……但我不禁纳闷：到底是你的方法有效，还是这只是后见之明的归纳呢？

可是这本书不一样，举例时该有的知名品牌文案没有少，像是"全联，买进美好生活""健康事交给白兰氏""钻石恒久远,一颗永流传";但更有意思的是,里面有非常多"个人品牌型文案"例子，如"艾咪的知识图卡教学""怪医鸟博士""视觉引导师 Dong"等。

知名品牌文案，背后有专业团队操刀，那是写来让你赞叹的；但个人品牌文案，背后饱含我们的苦思勤写，那才是想让你真正做得到的。所以要我说，本书就是一本"旅游景点本"，带你看这片土地真正的素人文字风景。

第三个层次是："人脉存折本"

如果你跟我一样，是热爱学习的人，一定会发现书里提到好多业界大师的名字以及他们的著作和课程，如华语首席故事教练许荣哲老师、知识创业家谢文宪老师、游戏带领专家杨田林老师、注意力教练曾培佑老师、活动设计高手庄越翔老师（以上仅罗列一小部分，想知道更多大师请读完本书）。

从理性的角度而言，他们是这本书里的文字案例；但从感性的角度而言，Elton 在教你做一件事，那就是：**如何用文字与大师结缘**。你想想看，当你被写进书里，成为经典案例，你的感受怎么样？一定开心到不行吧！

对！这就是 Elton 厉害的地方。比起宣扬自己的丰功伟业，他更渴望每一个认真的人都因为他的文字被看见。

就像他写完这本书后曾偷偷告诉我："欧阳，我在书里有三个地方都有提到你喔！"我立刻像在玩《寻找亨利》游戏本一样，超级仔细读完了这本书，然后发现：不只三个地方提到我，是四个！

你说，被写进书里的我，会不会用心推荐这本书？当然会！

Elton 冒着失业的风险，把他所有的“文字秘诀”都传给了你。而我想，你唯一能回报他的方式就是好好读完这本书，然后写篇心得，让 Elton 的好书和好课程被更多人知道。不要你学会了，Elton 却失业了。

你说好吗？

[推荐序]

打造文字力，把注意力、流量转换为订单

《内容感动营销》作者 /“Vista 写作陪伴计划”主理人 郑纬筌

脸书告诉我，我和林郁棠老师的相识要追溯至 2018 年 3 月；换句话说，我认识他已有三年了！更有趣的是，我们还有 178 位共同朋友，嗯，算得上是处于同温层之内吧！

老实说，我已经有点忘记当初是怎么认识这位年轻讲师的了。初见他的时候，第一眼便被及肩的长发所吸引。这人，明明可以轻松靠出众的颜值取胜，却选择了教育英才的讲师路线，至今仍让我深感不解。

“林志玲的林，郁芳的郁，隋棠的棠。”只要听过一次郁棠老师的自我介绍，你大概就不会忘记这个笑起来宛若邻家大男孩的年轻讲师。我听他聊过对于教学的想法，起心动念很简单，就是希冀透过文字本身的多元性，让人从

改变想法开始，进而采取行动。

同为职业讲师，我自然听过郁棠老师的在线与实体课程，虽然戏称他以颜值取胜，但其实也佩服他能够用浅显易懂的方式，来解说繁复的文案写作技巧。更棒的是，经过郁棠老师的指导之后，学员们在下笔时可以更精准、更有温度也更有吸引力。嗯，这一切果然不简单！

诚然，天底下擅长写作的高手不在少数，也不乏很会授课的文案老师，但郁棠老师的教法独树一帜，也给我留下了深刻的印象。这三年来，他一步一脚印，默默深耕文字力领域，开设了文字销售力、文字沟通力、文字行动力与文字影响力等系列课程，可说是培植了不少人才。

郁棠老师不但认真，更对教学充满热忱，难怪能够缔造“单堂实体课程卖出 700 人、在线课程卖出 800 人”的佳绩。等了又等，终于听说他要出版人生的第一本著作，我也很高兴有这个机会得以先睹为快！

拜读本书之后，赫然发现书中不但收录了大量案例，糅合了独特的教学经验和心法，具有很高的参考价值。更出乎意料的是，我已推出 9 期的“Vista 写作陪伴计划”也被当成参考案例收录书中。对此，本人倍感荣幸与亲切。

近年来，出版市场上出现很多与写作主题相关的书籍，但相较于其他很多作品，郁棠老师的这本新书不只谈写作理论、架构，更贴合国内读者的具体需求，自然也就更接地气！

如果你对如何写出吸睛的销售文案感兴趣，希望把辛苦获得的注意力、流量转换为订单的话，我很乐意推荐这本好书，让郁棠老师陪你一起打造“钞级文字力”！

[前言]

时薪六十万元，你觉得如何？

我曾经花了一小时，写了一篇销售文，之后就几乎没改过，而且销售页几乎是纯文本，但它总共为我赚到约六十万元的收入。

当然这没什么了不起，我只是用来向你说明，只要用对方法，文字就能带来力量。

我是 Elton，是一名文字力教练，带你运用文字的多元性发挥影响力。我以文字力为主题，开设公开班，也受邀讲课。在我的教学经验中，不论是学生还是社会人士，都能通过学习快速产出；不论经验多寡，都能通过学习有效提升自己运用文字的能力。

也许你现在在文案写作上遇到困难，也许你正在绞尽脑汁写出好卖的文字，也许你正在努力让自己的文字更值钱。不满意现况，就是改变的开始，这本书整理的方法，可以让你的文字变得更有销售力。透过这本书的文字，我将与你展开对话，你可以在这些对话中，找到你所需要的各种养分。

这本书以“钞级文字力”在线课程为基底，并且适度增减内容，重新整理成以下六个篇章：

一、什么是对顾客的购买决定最具影响力的因素？

二、知道你要写给谁看，比你写什么内容更重要！

三、不只吸睛，更要吸金！现在起决战标题！

四、如何让他忍不住看下去、买起来？你需要给他五大情境诱因！

五、如果他对你没有信心，你写什么都没用！

六、写了那么多，如何才能让顾客真的采取行动？

如果把每一篇的内容都浓缩成两个字的重点，依序就是“**卖点、受众、标题、诱因、信心、行动**”，这六个重点是你一定要学会的。如果时间允许，建议你按照顺序看；但如果时间不允许，可以先挑你想看的看。如果你读完这本书，还想进一步学习,欢迎参考上架于“学到”的“钞级文字力”在线课程，还有我的其他各类型文字力课程。

本书的案例来源，包含我的、学员的、业界的，还有经典的，我尽量都标明出处，除了自己写的，以及不知道从哪里看到的，还有无法辨别原创者的。本书所提及的企业名称、商标名称、广告标语、营销文案等皆属原公司所有，在此仅为引用以及举例说明。特别奉上我的感谢，你们创造的文字不但丰富了商业营销的世界，也为本书增添了丰富度。

身为读者的你，在阅读这本书的过程中，可以循线找到相关的内容，包含品牌、商品、课程、服务、书籍等，作为辅助学习的参考资料，或者也可以当作拓宽视野与提升能力的那把钥匙。

也许你过去已经认识我了，也许这是我们的初次相遇，期待通过这一本书，提升你的文字力。

如果你已经准备好了，现在，就开始吧！

目录

Part 4

如何让他忍不住看下去、买起来？你需要给他五大情境诱因！

Part 1

什么是对顾客的购买决定最具影响力的因素？

你想去国外旅游吗？说到去国外旅游，有一个国家我特别想去，就是位于阿拉伯半岛的迪拜。

提到迪拜你想到什么？可能是号称七星级的帆船酒店（即阿拉伯塔酒店），还有世界第一高楼迪拜塔（即哈里发塔）。

帆船酒店矗立于离岸边 280 米远的波斯湾内人工岛上，远看仿佛停靠在海边的一艘大帆船，建筑内部还有一个世界上最高的中庭花园。帆船酒店的住宿费用惊人，一般套房的费用最低一晚 1000 美元，住一晚感觉连灵魂都变贵了。

而迪拜塔呢？当初中国台北 101 大楼盖了 508 米，成为世界第一高楼，828 米的迪拜塔盖完之后，比中国台北

101大楼高出320米，以前世界各国在高楼方面的竞逐都很低调，迪拜这次却赢得很浮夸。迪拜塔76楼有一个全世界最高的游泳池，让你可以享受在云端游泳的感觉。每年跨年时迪拜塔都会燃放烟火，耀眼的光雕搭配全世界最高的烟火，绚烂到让你忘记还活在地球。

希望有一天，我可以带着所爱入住帆船酒店，到迪拜塔看跨年烟火，享受一趟奢华的旅行。而奢华、浮夸，就是迪拜给人的印象，也是它的卖点。我想去迪拜，就是冲着它的卖点。

所谓卖点，就是顾客为什么要买你的商品，而不买别人的商品，它能展现商品的优势与特点，以此满足顾客的需求。换句话说，卖点就是对顾客的购买决定最具影响力的因素。你有没有好好想过你的商品卖点是什么呢?

这一章将从更高的营销视角，先检视定位，再来一步步找到你的卖点。

Chapter 1

定位：如何让你的品牌成为顾客心中的首选？

国外有一家名为埃尔维斯的租车公司，由于抢不到租车市场龙头宝座，又连年亏损，于是其在广告中向顾客宣称：“埃尔维斯在租车界充其量不过是老二的地位，为什么要向我们租车？因为我们比别人更努力。”

本来埃尔维斯已经连续十三年亏损，没想到在承认自己只是同行中的老二时，埃尔维斯竟然开始赚钱了，如此成功的营销，堪称营销史上的典范。埃尔维斯到底做对了什么？答案是它在租车市场找到了正确的“定位”。

根据艾·里斯与杰克·特劳特所提出的观点：“定位并不是要对产品的本质有所改变，定位是指你对所要影响的人的心理是否造成改变。换句话说，就是让你所要推销的产品，在消费者的心里占有一席之地。”

所以定位就是顾客选择你的理由，也是让顾客记住你的形象。你的品牌、事业、商品、课程、服务、个人，从上到下都需要定位，也必须彼此联结。卖点的选择和定位有关，而文字的内容与风格，也都跟定位有所联结。

举我自己在专业上的定位为例。使用文字的形式有很多种，包含文案、文章、E-mail、信息……多数人会聚焦特定的形式，例如写文案或写文章，但我并不关注文字的形式，而是聚焦于通过文字能产生的结果，运用文字的多元性发挥影响力，让人改变想法或采取行动，我称之为“**文字力**”。

换句话说，文字具有特定目的，而且能带来改变，当我们聚焦在结果而非形式上时，就能让文字的运用更加灵活，而不会执着于今天是写一则社群帖文，还是写一篇博客文章。所以我的专业定位是“文字力”，这是我的观点，也是我的用字哲学。

但要怎么做好定位呢？接下来，你将学会三种定位方式，分别是“**差异化**”、“**感受化**”与“**情感化**”。

一、差异化

每个台湾人都吃过凤梨酥，现在市面上的口味不断推陈出新，内馅除了菠萝以外，还有哈密瓜、南枣、蔓越莓……这些口味也许你都吃过，但你吃过“海梨柑”口味的吗？新竹有一家“姨婆吉圃园”，他们用亲自栽种的海梨柑做成“海梨酥”。光是看到选用海梨柑当糕点内馅，是不是就已经让人好奇地想尝尝看？别人卖凤梨酥，他们卖海梨酥，这就是一种“差异化”的商品定位。

当我在写这本书时，正一口接一口吃着他们的海梨酥，我的口腔里被奶油香气、柑橘风味填满，吃完还唇齿留香，有种厚实美味的幸福。配上一杯热茶，更是满足。

所谓“**差异化**”就是运用本身的优势与顾客的需求，在商品的规划与营销方面作出市场区隔，因此在目标市场更具吸引力。换句话说，“差异化”就是你和别人不一样、大家都没有只有你有，或者大家相信你是业界的领导品牌。唯有顾客了解差异带来的好处，才会选择你。

商品的差异化

“去屑实力派，当然海飞丝”（海飞丝）

去屑是海飞丝洗发精的主要功能，经过广告强力放送，当我们想要去除头皮屑，很容易就能联想到海飞丝。

“只溶在口，不溶在手”（M&M’s 巧克力）

吃巧克力最怕的就是融化，粘在手上黏黏的。M&M’s 巧克力因为有一层脆硬的糖衣包覆在巧克力外，所以除非是遇到高温，否则拿在手中不会融化，和大多数巧克力提供的体验不同。

“有汰渍，没污渍”（汰渍洗衣粉）

感觉就算衣服弄得很脏很脏，也一样能洗得干净。

课程的差异化

“专注于提升文字力的主题读书会”

我有一个“字游主义”读书会，是一系列专注于提升文字力的主题读书会，每月举办一场，一场三个小时。我只领读能够提升文字力的书籍，例如文案、写作、故事、影响等，和其他广泛阅读形式的读书会不同，也和其他领域的主题读书会作出区隔，这就是我的差异化定位。

“完封拖延症，启动你的积极力”

实用心理学推广家——寻意老师，认为每个人身上都有战胜拖延的能力，所以只要建立“自我驱动循环”及学习“生活积极技法”，就能带你拿回人生主导权！他有一门“启动积极力”课程，让你“完封拖延症，启动你的积极力”。用“积极力”三个字对实用心理学的技巧做出崭新的诠释，对于他的受众而言，也是一个差异化定位。

服务的差异化

“婚纱包套、一价到底”

通常到婚纱摄影公司拍婚纱照，由于价格不透明，过程中可能面临不断加价，原本说好八万元，拿到手中时已经追加到十几万元了。但“唯你婚纱”提出“婚纱包套、一价到底”，用一开始就说好的价格一路拍到底，让你拍婚纱照不怕被当“盘子”。

个人的差异化

“基金教母：萧碧燕”

萧碧燕老师是一位知名财经专栏作家，长期专注基金投资，是定期定额观念的早期推广者，被称为“基金教母”，她也沿用这个称号到现在。

“文字力教练：Elton”

我是一名“文字力教练”，“文字力”是我的专业定位，通过文字的多元性发挥影响力；“教练”是我的角色定位，帮助你提升文字使用的能力。两者加在一起变成“文字力教练”，就是我的个人定位。

※ 再看看其他范例

- 您最好的牙材顾问——阿雄哥。（林茂雄医师）
- 真实知识与商业思维的传教士，将真实职场中会遇到的问题与需要的营运思维传递给大众，让每个人

都拥有传递价值的能力。（孙治华）

- **我们自家渔船，平价万里蟹直送**，肥美的花蟹，薄壳的三点蟹，还有其他活跳新鲜海鲜渔获，无论你要清蒸烤炸，样样都美味。（新小微渔坊餐厅）
- 醉珍品的手艺，是**传承超过六十载的老练手路菜**，不只手工繁复，更在意食材的质量，只需简单复热十分钟，一桌美味功夫菜立即上桌。（醉珍品江浙经典功夫菜）
- 我们专注于“**注意力**”，在这人多拥挤的时代，你能抓住听者注意力，你就拥有竞争力。我们如此相信，所以我们不断精进，教你如何抓住“听者的注意力”。（培果工作室）
- fansWoo 专门设计顶级的形象网站、购物网站，为客户开发人性化的系统程序，以及进行专业的手机 APP 程序设计。**坚持以 A 级的价格，给予客户 S 级的成品**，已受到中国台湾、欧美各大知名品牌的好评！（疯沃科技 fansWoo）
- “小鱼人文设计有限公司”**以中国台湾元素为设计**

主轴，并以原创的素材来制作，“孟宗竹·竹满溢杯”即为其中一项文化创意作品，它保留南投竹山的竹子原貌，在杯子上雕刻满字，象征一个满出来的概念。（小鱼人文设计有限公司）

- “文字影响力”这门课，跳过文案技巧与写作框架，通过掌握人类本能反应、心理状态，**运用文字的多元性，直接让文字在读者内在产生变化**，进而改变想法、采取行动，做到短期促成或长期影响。让你的文字产出，**从表达、沟通到销售，都能顺利完成每一次的目标。**（文字影响力）

尽管差异化就是和别人不一样，但有趣的是，如果某件事情在业界是惯例，却没有人告诉顾客这是常态，就能“创造原本不存在的差异化”。例如：在国外有一家 Wonder Bread，它的卖点是号称“吐司拥有八大营养”，乍听感觉他们的吐司特别棒，实际上不管哪一家吐司都有这些营养成分，但当初只有 Wonder Bread 强调，于是就变成他们独有的卖点。重点在于只要你的顾客相信，这个差异化定位就成功了！

所以，定位要趁早做好，才能抢下顾客心中第一名的位置。就像每个人都知道第一位登上月球的航天员是阿姆斯特朗，但却很少人知道第二位登上月球的航天员是谁。好的定位，就是让你成为顾客心中的第一名，也就是找到你的差异化定位。

一些规模较小的企业，或者是一人公司，如果没办法做到真的差异化，只要你能成为一小群顾客心中的首选，也等于成功地差异化了。不一味追求成长，只专心服务一小群人，对获利是有帮助的，这也是“一人公司”所强调的概念。

二、感受化

原本很少在电商平台购物的我，某次下载了 MOMO 购物网的 APP，打开后看到一句文案“**MOMO，生活大小事，都是 MOMO 的事**”。原本以为只是一句好看的 Slogan，但自从那次“手滑”之后，我变得每个月都会在 MOMO 上购物好几次，举凡吃的、喝的、用的、玩的，什么都买，连卫生纸都能宅配到府（到底是多懒？），真的满足了我生活上的大小事。

然而，我会持续使用它，除了觉得很方便之外，也因为逐渐有了情感联结。MOMO 不会像某些电商平台，只是不断促销、促销再促销，缺乏人情味。MOMO 在 APP 上还有一些很可爱的设计，像是当你的购物车没有加入任何商品时，画面上会出现一个哭丧着脸的 MOMO 公仔，显示“购物车空空的，快去逛逛吧”。连这样的购买提示，都能让人会心一笑，更感受到 MOMO 对顾客的在乎。

第二个定位的方法——**“感受化”**，就是顾客对产品的“观感”，虽然和产品功能或特点有所链接，但差异化并不显著，因此从顾客“内心”的感受上加温。就像电商平台有很多，但 MOMO 就更在乎与顾客的情感联结。

品牌的感受化

“来全联，买进美好生活”（全联超市）

增添购物背后的情感因素，原来购物不只是购物，而是为了让生活更美好。

“健康事交给白兰氏”（白兰氏）

想要让自己健康、让家人健康，就选择白兰氏的商品。

“鲜乳坊，爱是唯一添加”（鲜乳坊）

小农鲜乳直送的鲜乳坊，“爱是唯一添加”，代表没有任何添加物，因此更觉得他们的鲜乳质量很好，而且是很用心的品牌。

课程的感受化

“去掉与知识学习之间的冰层、融掉人们之间的隔阂”

“微糖趣冰”是一个 2020 年才推出的学习品牌，以下是他们的简介：“通过有效有趣有创意的学习模式，为学习加些糖分，**使参与者去掉与知识学习之间的冰层、融掉人们之间的隔阂**，为企业的价值加料，为你我的学习加速。”

“去掉与知识学习之间的冰层”，用冰层形容传统学习上的枯燥乏味,感觉在“微糖趣冰”学习是充满热度的。“融掉人们之间的隔阂”，让人觉得在这里不只是学习而已，还能感受到人际交流之间的温暖。结论就是：感觉在这里学习很有趣呀！而他们举办的“嗑书会”活动口碑很好，授课讲师也都是一时之选。

服务的感受化

“包场专家，聚餐首选，JK STUDIO，您的包场神队友”

“JK STUDIO 新义法料理”是一家台北战斧牛排的指标餐厅，位于台北市信义区。这家餐厅的营销定位是“包场专家，聚餐首选，JK STUDIO，您的包场神队友”。包场不只是接电话和安排时间场地。通常我们包场是为了举办活动、聚餐或者庆生，会邀请很多人，所以要处理的细节、要应付的突发状况很多。

JK 把品牌拟人化，说成是“包场神队友”，感觉能全力支持你的重要活动，让你可以变得轻松和放心，有别于其他只是接电话把场地留下来的餐厅的包场。其联结情感，是个聪明的感受化定位。

个人专业的感受化

“您的出书梦想，我来帮您实现”

出书只是把头脑中的知识、技术与观念写下来、印出来而已吗？如果只是这样，就太小看出书这件事情了。布克文化的贾俊国总编辑说：“您的出书梦想，我来帮您实现。”把出版书籍连接个人梦想，让出书这件事情变得更崇高、更富有情感。

贾总编并不是随口说说，为了帮助每位作者实现出书的梦想，他会定期分享文章，也会为作者举办课程，让作者在梦想的路上轻松前行。

“我是明明可以靠脸却偏偏不要脸的 Mr.Yang”

杨家成（Mr.Yang）经常以英文为主题，拍一些很搞笑的影片。如“为什么英文歌不能直接唱中文”为主题的系列影片，通常影片会先放一段英文歌曲，他听了觉得不错，就说“好听、安排”，接着灯光一暗，他背后出现一堆摇晃的手拿着手机打光，而 Mr.Yang 则认真地把英文歌翻唱成中文歌，唱到越来越尴尬，影片就结束了。

每次看我都觉得很好笑，其实他长得很帅，却喜欢拍搞笑影片，所以他说“我是明明可以靠脸却偏偏不要脸的 Mr.Yang”，我完全认同。

对了，他不是谐星，他是教英文的。

※ 再看看其他范例

- 为你而读，有温度、有内涵的阅读推广品牌。（为你而读）
- 窝厨房希望与您一起创造餐桌上的幸福，编织开心，品味时光！（桂冠窝厨房）
- 让游戏成为孩子的老师，快乐就是学习的代名词。（王汉克老师）
- “出租大叔”老查跟你分享老派收藏、老派作风、老派想法。（我是老查）
- 忘形的简报非黑即白，只希望一切简单。而黑与白中间的灰度，就是生命的深度。（忘形流）
- 以创意探索心的泛古大陆，大地元素与花精丛林游乐园！好感生活、大道至简，让身体、心灵的养生

回归与自然共振的和谐！花精咨询、能量疗育、纯净花卉纯露、手感能量风水调香、宝石原。（泛盖亚 Pangaea）

三、情感化

记得以前小学放学时，和同学一起走路回家，经过杂货店，最喜欢买麦香奶茶来喝。那时阿嬷一天给我十块钱，如果当天没花掉的话，隔天我就有二十块钱。当我有二十块钱时，我会买两罐麦香奶茶，一罐自己喝，一罐请同学喝，我们就这样边走边喝边聊，直到回到各自的家中。

我不确定大家是否有类似的记忆，但麦香奶茶对我而言确实是充满回忆且熟悉的味道，因此当我看到“麦香奶茶／红茶，熟悉的麦香最对味”这句广告 Slogan 时，还蛮有共鸣的。

第三种定位方式——“**情感化**”，就是你的定位和产品卖点没有直接关联，完全诉诸情感，通过品牌与顾客的情感联结，加深信赖感，麦香奶茶就是最好的范例。

商品的情感化

“好东西要和好朋友分享”（麦斯威尔咖啡）

一杯速溶咖啡变成了情感交流的好物，重要的是和朋友分享。

“钻石恒久远，一颗永流传”（戴比尔斯）

不管一颗钻石有多贵，买了就代表永恒的爱。

“三不五时，爱要及时”（全球人寿）

不谈保险，只要你记得对家人的爱。

通常情感化较常出现在大企业品牌，除此之外，消费性产品也比较容易通过情感化定位。不同品牌的消费性产品之间本来就很难找到差异，大家对每个产品的感受也差不多。例如同样都是红茶，味道并不会有显著的差异，因此只能通过情感化的方式去和顾客博感情了。

※ 再看看其他范例

- **童**在一起，**爱**不止息。（中华唐氏症基金会）
- 来自 Podcast（播客）界的两位**大婶**＋工程界的两位……**不大嫩的鲜肉。**（对！我们是大婶）
- 人生是一段段互为展开的故事。每段剧本的发生都在我们参与的经验中能有诸多醒察。而**那些点亮人们发亮的光，一直都存在……您与我的心中**。期许用心记录……生活点滴的心境学习、生涯探索的精神方法、趣味人生的观察尝试，带给您与我在生活中持续不断的惊奇与温暖！一起在展开的图像中，**找到属于心中的那道光吧！**（图像掌心灯）

Chapter 2

卖点：找到利于销售的卖点。小心！卖到你会怕！

十多年前我和家人到上海玩，当地友人招待我们去吃“小肥羊”，听说是一家很好吃的羊肉火锅店。虽然他们大力推荐，但我心里还是不免担心：既然是羊肉，会不会有很浓的羊膻味？当我夹了一块烫熟的羊肉放入嘴里，我面无表情，故作镇定，但却在心里呼喊：“哇！这羊肉又鲜又嫩，完全没有一点羊膻味。”搭配特制汤头，当下觉得真是这辈子吃过最好吃的羊肉火锅了！

后来一问之下才知道，原来小肥羊选用的羊肉是来自内蒙古锡林郭勒大草原放养的羊，成长于不受污染的环境，而且只挑选六个月大的羔羊，难怪肉质鲜嫩。而小肥羊正是以此作为强大的“卖点”，吸引了大量饕客。

卖点能展现商品的优势与特点，以此满足顾客的需求，是对顾客的购买决定最具影响力的因素，也是顾客买你的产品而不买别人产品的原因。定位只有一个，但卖点却有很多个，卖点从定位延伸而来，所以卖点不能和定位相抵触。例如：定位明明是尊荣感，但卖点却强调价格实惠，即便这个卖点可能是真的，也不应该强调。

找到卖点有三个步骤：一是**列举卖点**，二是**卖点排序**，三是**比较差异**。

第一步，列举卖点

不论你卖的是商品、课程还是服务，卖点往往不只一个。所以初期要尽量列举，分析之后，你才能找到营销上主要的卖点。你可以从两个层面寻找卖点：第一个层面，从商品上找，如果是产品，包含了功能、特色、外形、规格等，如果是人就是专业或专长，属于理性思考。第二个层面，从受众身上找，找出受众的痛点或爽点。

第一个层面：从商品上面找

※ 商品的卖点列举

台湾电商橙姑娘有一款热销商品——“会说话的梅精”，

商品卖点是这么写的：

帮助入睡，促进新陈代谢。

精神旺盛，调节生理机能。

养颜美容，维持消化道机能。

排便顺畅，产前产后健康补给。

一次列举了四种对健康的好处，帮助入睡、精神旺盛、养颜美容、排便顺畅，总有一个卖点会打动你吧？

※ 个人专业的卖点列举

陈柏宇（Adam）老师擅长引导培训、教练咨询、顾问辅导等，这些都是陈柏宇老师专业培训的卖点，而他主推的公开班课程是“英国剑桥 FTT 引导式培训师”，由于授课扎实，并提供长达好几个月的陪伴，是一门让讲师升级、与世界接轨的培训课程。

※ **再看看其他范例**

执炬人谢宇程创办的“真识”网站，提供“知识内容服务”，包括：

- 在线课程文稿撰写。
- 年鉴与年报撰写。
- 个人与家庭传记。
- 商务中英文命名。

第二个层面：从受众身上找

从目标受众身上可以找到**痛点与爽点**。痛点就是顾客面临的课题及其带来的痛苦和恐惧；爽点就是购买商品后可以带来的开心与转变。卖点要能解决痛点，同时，解决之后能带来爽点，属于感性思考。

※ **商品的卖点列举**

橙姑娘有一个商品名称很搞笑的男性保健食品，叫作“30 厘米好棒棒”，虽然商品名称很搞笑，但文案写得非常认真，他们是这么写的：

给你冲刺事业的超强能量。

从办公室到运动场，展现超人耐力。

上班族每天活力满分。

精神好，事业跟着好。

夜晚加班，精力旺盛。

运动表现，显著提升。

男性的痛点是害怕日夜体力不济，商品带来的爽点是展现超人耐力，所有的文字描述都让商品卖点与男性的忧虑与渴望紧密联结在一起。

※ 个人专业的卖点列举

一提到泌尿系统的问题，不论问题大小，也不论男性女性，总是让人尴尬到不行。大家平常既不会讨论，对于泌尿医学的常识也一知半解。高雄市有位詹皓凯医师（号称怪医鸟博士）看见了大家说不出口的痛，于是成立了粉丝专页——“Dr. Bird”，用轻松有趣的漫画分享泌尿医学的常识，让人会心一笑，既能学到知识，又能免除尴尬、害羞的情绪。鸟博士于2020年出版了一本新书——《怪医鸟博士的泌尿医学院》，通过漫画教学守护你与全家人“下半身”的健康。

※ 再看看其他范例

文字影响力的“课程优势”：

- 了解文字的多元应用、强化文字表达、提升写作速度。
- 沟通能力升级、掌握销售暗示、看懂营销布局。
- 学会文字力核心，扩充能力更容易。
- 增加文字变现专业，开启斜杠创业／一人公司之路。
- 看懂恶意操弄，不被洗脑影响，让自己做出真正的选择。

第二步，卖点排序

当你列举完卖点之后，第二步就是要依照卖点的重要性与顾客的期待感一一排序。排序可以帮你厘清主要要求为哪一个卖点，然后把所有沟通的重点都放在上面。如果卖点彼此相关联，排序的作用是帮助你决定在文字的铺陈中要先强调哪一个卖点，还有哪些是顺带一提的卖点。

※ 个人专业的卖点列举

橙姑娘“肽孅然”的销售页中提到四点现代人必修的美丽课题：

享受甜点，下午茶不再有罪恶感。
饭前增加饱足感，聚餐不怕吃太多。
爱吃美食，也能轻松保持美丽。
搭配运动、健身，效果更明显。

这个商品很明显主要卖给女性顾客，所以他们聪明地在卖点排序上把“享受甜点”摆在最上面，把“搭配运动”摆在最下面。仔细想想，这样的排列组合是不是很微妙呢？

※ 再看看其他范例

“艾咪的知识图卡教学”每位伙伴的报名费包含：

- 课堂讲义：Amy 精心整理 3 大技巧。

- 自己的图卡作品：强调实作，下课时让你带着作品离开。
- 一对一建议：Amy 针对你的课堂作品给予建议。
- 终身学习群组：建立学习 Line 群组，下课后仍可以交流讨论与回馈。

第三步，比较差异

当我们列举了卖点，也排序了卖点，觉得应该没问题了。却忘了比较和竞争对手之间的“差异”在哪，比如说你的卖点是这条街最低价，结果隔壁却卖得比你还要便宜，请问这样的卖点还有意义吗？

※ 商品的比较差异

“LoveFu 乐眠枕——从 6.5 厘米到 15 厘米高度全都有，还有你的肩颈 Size！”就是很棒的卖点，因为乐眠枕不只是卖记忆枕，也不是仅仅强调符合人体工学躺下去很舒服，包括尺寸在内，他们都做了清楚定义，感觉非常专业，也和“竞品”有明显差异。

※ 个人专业的比较差异

没有公版的固定眉型，Vivi 根据客人的喜好，加上 Vi 专业造型师的意见，每位都能拥有量身定作的漂亮眉型，并且完成渐层不死板，每位客人都应该有适合自己的眉毛。（Vivi Chen Stylist / 新娘秘书 / 整体造型）

第三步“比较差异”，是很多人会忘记做的一个步骤。在找卖点时，第三步也可以变成第一步，先比较竞争对手的卖点，再去“列举”与“排序”。

※ 再看看其他范例

对于平常没接触牌卡的人，一定不是很了解“OH 卡”是什么。既然是一种牌卡，相信很多人第一时间会联想到“塔罗牌”，但“OH 卡”并不是占卜卡，尽管每张牌上都有一张美丽的图画，但没办法透过几张牌卡，预测你未来的样貌。（你所不知的都在心里 | Elton 的字游人生）

这一章告诉你如何选定利于销售的卖点。试着为你的品牌、事业、商品、课程或服务，找到最适合的卖点吧！

Part 2

知道你要写给谁看，比你写什么内容更重要！

有一天早上九点多我还在睡觉，iPhone 的通知声让我睁开双眼，原来是前一天的一位学员传讯息给我，分享他昨晚的上课心得。

他说昨晚上完课后觉得收获很大，回家马上和太太分享心得。他发现，原来过去和太太说话都只是说自己想说的话，并未在意太太的感受。于是他尝试站在另一半的角度思考，修正自己的语气跟话语的内容，针对过去容易争吵的话题加以讨论，运用课堂所学的概念和另一半沟通，没想到短短 30 分钟，竟然化解了过去容易造成争吵的话题！

我不确定你看到这段故事有什么感觉，但我觉得既惊讶又感动。惊讶的是，他竟然可以把课程中分享的一些“营销概念”，转换成生活中口语表达的应用，这代表课程传达的内容超越了技术的层面。感动的是，虽然我教的不是亲密关系，而是文字力的应用，但我在课堂上的分享竟然消除了夫妻沟通的隔阂，间接成就了一个家庭的幸福！

你一定很好奇他到底是怎么做到的，我想从他的故事中可以看出一些端倪。以前他都是“说自己想说的话”，这次“他尝试站在另一半的角度思考，修正自己的语气跟话语的内容”。换句话说，他开始有了“受众”思维，即先了解对方的想法与感受，并以对方的语言传达自己的想法。于是，“短短30分钟，竟然化解了过去容易造成争吵的话题”。

沟通是如此，销售更是如此。当你想写出能卖的文字时，要先定义清楚你的主要沟通对象，也就是你的受众是谁。如果没先搞清楚这一点，就算营销提案再出色、文案技巧再好、文字逻辑再顺，只要受众看了没感觉，就什么都卖不掉。

Chapter 3

对象：你的商品谁会购买？谁在使用？谁给意见？

如何界定“受众”？简言之，就是你的内容写给谁看，以及商品要卖给谁。有些人认为“卖给谁”的“谁”是顾客，而非受众。但这本书中，我把这两个概念结合简化，不论“卖给谁”或“写给谁看”都是“受众”。

界定受众要做的第一件事情就是区分出三个“对象”，也就是**“使用者”“购买者”**和**“影响者”**分别是谁。这三者可能是同一人，也可能不是同一人。不论是哪一种状况，请注意商品的“购买者”是谁，因为他才是你主要沟通的受众。在细节上，会区分成三种情况。

第一种情况：三个对象都一样

如果三者都是同一个人的话，沟通上相对简单，例如：

报名一堂低价且感兴趣的课程，通常报名者就是使用者，也是购买者。因为课程价格便宜，又是自己喜欢的内容，所以自己就能决定，也不太会征求别人的意见，所以影响者可能从头到尾不会出现，或者影响力微乎其微。这个时候记得描绘受众的痛苦（痛点），与商品能带来的快乐（爽点）即可。

※ 再看看其他范例

分享，是梦想启程的第一步，更是资源汇集的开始！交点在每个月的定期聚会活动，提供一个让分享发声的空间。分享内容从“梦想”“热情”“工作点滴”，到任何伙伴想要分享的内容。大家来的目的各不相同，但都是给彼此一个“交点”的机会，让生活在同一地方但却完全不同背景的人们相遇、分享，并彼此留下一些人生的惊奇。（交点）

第二种情况：使用者与购买者为同一人，影响者扮演关键角色

相较于第一种情况，更常见的情况是，使用者与购买

者为同一人，但影响者也会影响受众的决策。例如：同样是报名一堂课，但这堂课报名费比较高，他也从来没上过这位老师的课，身旁亲友（含社群平台上的朋友）可能就会扮演关键角色，劝退或鼓励都会影响其决策。

这个时候除了描绘受众的痛苦与课程（商品）能带来的快乐之外，也要将影响者的视角考虑进来，解答受众影响者可能存有的质疑，并说明购买行为应该要自己决定，或者提出购买该商品，影响者亦可能因此受惠。

※ 再看看其他范例

“商务人士必备的微软模块简报术”这堂课不会教你复杂的简报制作技巧，也不会教你华丽的简报动画效果，只给你能获利的简报提案思维与设计架构，让简报与获利画上等号。学会这堂课，让你每次提案简报，都有幸运女神待在身旁。（Elton 的字游人生）

第三种情况：三者都不是同一人

如果三者都不是同一人，再提醒一次，请注意商品的“购买者”是谁，因为这才是主要沟通的受众。千万不要把“使用者”当成“购买者”，也不要忽略“影响者”的意见。

例如：同样是报名一堂课，如果是儿童学习课程，使用者是“小孩”，购买者是“父母”，影响者可能是“亲戚与朋友”。就像我小时候学陶艺，是我去上课，妈妈付钱，后来只学了一期就没继续了，因为阿公觉得太浪费钱。尽管我觉得学陶艺很好玩，但我没办法，妈妈也没办法。

换个商品举例：儿童尿布的使用者是谁？当然是“宝宝”。购买者是谁？通常是“父母”。影响者是谁？可能是“长辈、亲戚或朋友”，特别是新手父母，亲友的意见一定会参考。

这个时候，你要沟通的对象就是购买者，而非使用者。你要站在购买者的视角去沟通，因为你不可能对宝宝讲话，叫他买你们家的尿布，一定是对其父母温情喊话。这点虽然感觉像常识一样，但如果换成你自己的商品、课程或服务，很多人可能就忘记了。

※ 再看看其他范例

- 送爱偏乡，好好吃饭。（门诺社福基金会）
- 看病人，送初元。（初元·专为病人设计的保健品牌）

记得描绘使用者的痛苦，与商品能带来的快乐，但别忘了影响者在旁边“虎视眈眈”，也要向受众解答影响者可能有的质疑，说明购买行为应该要自己决定，或者提出购买该商品，影响者亦可能因此受惠。

Chapter 4

标签：像朋友一样认识他，从分析受众的特征与行为开始！

当你搞清楚主要沟通的“对象”是谁之后，接着就可以认真地分析受众了！受众的初步分析将从两个部分的“标签”着手，第一个标签是“**特征**”，第二个标签是“**行为**”。

“特征”很基础，也很重要，因为它决定了受众的粗略“轮廓”；而“行为”则是根据“特征”进一步分析，让我们能更看清楚受众的“样貌”，而且能想象受众是如何“生活”的。

“特征”和“行为”各细分成四点，代表不同的受众信息。

首先，特征分成“**性别、年龄、工作、地点**”四点，分述如下：

（1）**性别**：男性或女性（生理男或生理女），例如女人迷、男人帮。

（2）**年龄**：建议划分成三个年龄维度。

- 第一个维度是“最大区间”，例如 25 ~ 45 岁都可能购买，这是为了了解你最广能触及的潜在顾客有哪些，但并不精准，仅作为参考。
- 第二个维度是“主要区间”，例如 25 ~ 30 岁。建议区间设定在 5 岁以内，最多拉到 10 岁，因为跨越的年龄层越广，受众的样貌差异越大。想想看 20 岁到 30 岁中间，包含了多少不同受众？
- 第三个维度是“指定年龄”，也就是你的理想顾客最可能是哪个年龄段的人。例如 28 岁粉领上班族，这个将是你最主要的沟通受众，也是你在写文案、写文章时所想象坐在另一头看着你文字的对象。

（3）**工作**：受众的工作内容与形态会影响到他的需求与痛点，因此越是了解他的工作，越能抓到受众的心。这个时代，一人公司、“斜杠”创业、微创业的兴起，让工作形态越来越复杂，因此也有更多的需求与痛点有待被挖掘。要以你的商品、课程或服务来满足受众，例如：在团队中沟通出问题，无法解决，就可以找“好沟通”的刘季彦教练来协助你们。

（4）**地点**：主要是指“居住地”，即受众在哪里工作与生活。每个地方都会有不同的风貌，例如都会区与郊区的居住环境、生活样貌就截然不同。再来也可以思考“出生地”，也就是“家乡”。即便同样是在台湾，从台南来到台北工作的人也永远不会觉得自己是台北人，对于家乡的认同与怀念是触动感受的引信。

有了对“特征”的分析基础后，再来进一步分析“行为”。行为分成“**兴趣、话题、社群、品牌**”四点，分述如下：

（1）**兴趣**：受众平常的兴趣是什么？下课后、下班后、休假时喜欢做什么？一个人独处时，和一群朋友相处时，喜欢做什么？当你知道他的兴趣后，就能投其所好地沟通。比如，你知道他喜欢看漫画，在文字中就可以多用漫画中的角色与台词，受众就会马上被吸引，甚至对你的品牌产生强烈的好感。例如：欧阳立中老师就曾经在一篇教学文中，用动漫《鬼灭之刃》里的招式做比喻，在脸书社群中获得极大的反响。

（2）**话题**：受众平常和家人、朋友、同事爱谈论什么话题？聊天的内容，以及关注的消息是哪些？例如：讲师喜欢谈论最近又学了什么，因为讲师通过授课不断输出，同时也需要不断输入，持续精进是提升教学质量、维持竞争力的办法，所以讲师都很喜欢谈论跟学习有关的话题。从这个范例当中你会发现，受众谈论的话题跟工作息息相关。这也就是为什么在“特征”分析中，必须要了解受众的“工作”形态是什么，因为这是进一步分析受众“行为”的基础。

（3）**社群**：这里的社群不仅是指脸书、IG 这一类的“社群平台”，还包括受众期望归属哪个群体，愿意支持什么样的社群。当你了解受众的期望归属后，就更能洞察受众可能喜欢社群平台中的哪些粉丝专页、社团，或意见领袖。例如游舒帆的“商业思维学院”。

（4）**品牌**：受众最喜欢哪些品牌、会购买哪些品牌、（有没有你的品牌）哪些品牌可能影响他的想法，或者讨厌哪个品牌，这些都需要仔细琢磨，从而更了解受众的行为与想法。以我自己为例，如果使用智能型手机，我会使用 iPhone。虽然我不是“果粉”，但觉得很好用，而且信任苹果对于质量的要求，因此虽然贵一点也还是会买，关于苹果的消息我也会关注。显然苹果就是我喜欢而且会购买的品牌，也影响着我的想法。至于讨厌的品牌，应该就是山寨手机，即使再便宜，拿在手上都觉得硌手啊！这就是品牌对一个人的影响。

※ 再看看其他范例

- 我们协助毕业十年内的上班族进行生活再设计、生涯再探索，正在建立一个认真又可以很闹的社群。（微亮计划）

- “非诚勿扰团队”由一群来自金融界和科技界的海外归国人士创立，致力于向平日工作繁忙的白领上班族提供有趣、安全、省时的多对多或一对一约会服务。（非诚勿扰快速约会）
- 我是台湾视觉引导师 Dong，今周刊特约讲师、顺丰速运讲师、华厦联合训评讲师、AAEE 体验教育年会工作坊发表者、视觉图像讲师。欢迎对视觉记录、视觉引导有兴趣的您与我们联系。（炸饭团创意工作室——视觉图像思考）

下一篇要分析的是受众的“需求”，分成三个不同的层次，有助于你更了解受众的内在决策因素。

Chapter 5

需求：像关心朋友一样，了解顾客想要的、渴望的是什么！

知道受众是谁，接着就要了解他的需求是什么？因为需求会影响购买决策行为，也会影响你如何通过文字和他沟通。

需求分成三个层次，分别是**“浅层理由”“深层理由”**，还有从“价值观”延伸而来的**“影响理由”**，分述如下：

一、浅层理由

浅层理由就是比较接近人类的本能需求。为了方便理解，以下均以“食、衣、住、行”为例：

生理

为了“生存”而产生的需求，例如：我到便当店买便当是因为要填饱肚子，我买这件衣服是因为需要保暖，我租房子是因为需要有住的地方，我买机车是因为要上班通勤。

安全

避免“自身安全”受到威胁而产生的需求，例如：我到餐厅用餐是因为餐厅比较卫生，我买这件衣服是因为可以减少紫外线的伤害，我买车是因为开车比骑机车安全。

二、深层理由

因为这些需求牵涉到个人的内在想法，所以需要更细腻的洞察。为了方便和浅层理由的需求对比，以下仍均以“食、衣、住、行”为例：

社交

为了“归属感”而产生的需求，例如：我到这间餐厅用餐是因为这里是聚会的首选，我买这件衣服是因为我的另一半也买了，我买这间房子是因为希望拥有一个温暖的家，我买这台车是因为想参加车友聚会。

尊重

为了“能力”与“地位”被认同而产生的需求，例如：我到这间餐厅用餐是为了展现我的财力，我买这件衣服是因为品牌符合我的身份，我买这套房子是因为某位富商也买了同街区的房子，我买这台车是因为我的开车技术能驾驭它的性能。

自我实现

为了“个人理想”而产生的需求。自我实现是因为展现了“能力”和“天赋”的极限而感到满足，所以可能的购买原因有两种。第一种是，因为完全达到了我的人生目标，所以我可以购买任何我要的东西，所以不论“食、衣、住、行”，理由都是因为“我想要”。

但第一种情况不多，更多的是属于第二种情况，也就是虽然还没有完全达到我的人生目标，但我愿意现在就购买，以接近未来我想要的，所以不论“食、衣、住、行”，理由都是“我梦想中要”。

就算一个人的生命与工作状态还没有到达顶峰，也都会期盼有自我实现的一天。例如：有的人梦想财务自由，有的人梦想环游世界。所以只要激发他的梦想，就可以让他因内在的深层需求而采取行动。

其实，你很可能发现了，“浅层理由”与“深层理由”都来自“马斯洛人类需求层次理论”，不过我认为除了这些基本需求之外，内在还有影响更深远的需求，也就是“影响理由”。

三、影响理由

价值观是一种处理事情时判断对错、选择取舍的标准。由于价值观的建立来自过往经验的累积，包含了“理性”判断与“感性”情绪，而影响理由取决于一个人的价值观，所以影响理由融合了“理性”与“感性”。以下三点都和价值观有关联：

议题

受众关注什么议题，就会和朋友讨论或者追踪该议题的消息动态，例如环保、公益、赚钱。需要注意的是，议题只是讨论与追踪，不一定就代表受众的价值观，但是当一个议题被关注久了，就可能逐渐形成某种价值观。

相信

当价值观被形塑，你要知道受众相信什么样的“价值”。例如：相信“有爱就能克服一切”还是相信“只有钱才是一切”，或者相信“意念成就真实，只要自己愿意相信自己，就能得到你想要的一切”。这些都是价值观。

否定

当价值观被形塑，你要知道受众会否定什么样的价值。例如否定核能，因为人们认为核能会带来灾害；或者否定绿能，因为现在中国台湾根本没有足够资源可以发展绿能。又如，我一个人到餐厅用餐，如果有牛肉，我会问：“请问你们的牛是哪里的牛？”如果餐厅说是美国牛，有很高的概率我会改点其他肉类，或者选择澳洲牛或新西兰牛。因为在我的价值观里，美国牛的饲养方式是让牛吃原本不吃的玉米，尽管牛肉变得特别鲜甜，但却让美国牛在被屠宰之前都过得极其痛苦，非常不人道。即使饲养牛就是为了成为人类的食物，但它们没有舒服地活过一天，在我的价值观里，就会因此否定美国牛肉，所以我会尽量少吃美国牛肉。我选择的标准跟牛肉好不好吃没有关系，而是和我的价值观有关系。

※ 再看看其他范例

以“永续企业”自居的我们，从产品、服务的绿色实现，到关怀环境与社会利益，抱持“绿色、永续、创新”的核心价值，提供永续的全绿生活方案，让我们与地球绽放由内而外的美丽；期望让“Green Lifestyle”融入每一个人的日常生活，传达的是属于台湾地区的绿色文化素养；诉说的是这块土地与生命的联结，企图从珍贵的自然与大地万物中得到启发，去创造更具意义的绿色价值。（O’ right 欧莱德）

对于影响理由的议题、相信与否定，我来做个总结。受众关注的议题，牵涉到你能否抓住受众的眼球，而价值观的相信与否定，则与品牌传递的精神与价值有关。

不问对错，只讨论你想要争取的受众是哪一群人，或者你想要排除哪一群人。当你的品牌定位确立之后，所有的讯息都必须一致，才能捕捉到你想要的受众，赶走你不要的受众。

本节分析完受众的“需求”，浅层理由、深层理由与影响理由，接着我们要分析受众的“痛点”，当受众因为痛点而产生明显的需求时，商品的卖点只要能解决受众的痛点，顺着痛点写，你的文字就自带“钞级元素”了！

Chapter 6

痛点：让顾客感到痛苦的是什么？你能帮他解决吗？

当你切分了对象、标签与需求之后，你就能针对上述设定去分析受众的“痛点”。痛点最重要的就是**课题**、**场景**、**目标**这三点。简单而言，“课题”就是发生什么事，“场景”就是发生在哪里，“目标”就是想要怎么办。

一、课题：发生什么事？

课题引起什么烦恼？产生什么恐惧？如果不解决会有什么代价？当痛苦困扰着受众，可能会让受众的某些行为显得并不明智，例如：明明失眠，却宁愿追剧，也不愿意早点上床休息。提醒你，不要批评或嘲笑受众的行为，只要真实呈现就好，这代表你能理解受众的处境、感受与难处。

以下以我的一门课程“文字沟通力”为例进行说明：

1. 课题：亟待解决的问题

例如：在网络上使用文字遇到困扰。

2. 烦恼：因课题带来情绪上的不开心

例如：在网络上使用文字，没有得到明确效益，而且需要经常切换不同的文体，感到很辛苦。

3. 恐惧：因烦恼产生的情绪上的害怕与忧虑

例如：担心自己写文案、写文章、传信息没有效果。

注意！你不用去创造新的恐惧，而是要了解受众现有的恐惧，通常恐惧早就存在于内心深处，只是受众不一定能意识到，这时候你就必须提醒他。

4. 代价：如果课题不解决你必须额外付出成本

例如：这些问题让我们在工作与生活中都付出了代价，因为文字无法有效达成沟通目的，只能花费更多心思与更多时间进行沟通。

注意！引导受众发现如果不解决问题会带来什么样的长期后果，让受众意识到代价的重要性。但如果你没有把握，就不要强调代价，因为如果写得不到位，受众不会有感觉，如果尺度拿捏不好，可能会激怒受众。

以上通称课题，不称问题，因为问题会联想到“QUESTION”，而课题是“PROBLEM”。

二、场景：发生在哪里？

这些课题发生在哪个地方？遇到了什么状况？

以“文字沟通力”为例：

在脸书发文，但没有什么人按赞；在LINE传信息，但没有什么人回复你；在博客写文章，但没有什么人想看；在网络上写文案，但没有什么人买单。

写文案、写文章、传信息没有效益就是课题，发生的场景分别是脸书、LINE、博客、网络广告。

三、目标：想要怎么办？

顾客希望如何解决这些课题？

希望能够破解这样的痛苦循环，在网络上更轻松、更有效率地使用文字，不论写文案、写文章还是传信息，都能让付出的努力有相应的回报！

注意！只有受众相信自己有能力改变自己的处境，才能产生目标，痛点才能激发行动。

所以我在销售页结尾写的是“让你的用心，被真心对待”。要用感性喊话，让受众看见美好的未来，更坚定自己的信心。

最后再看一个范例，来自 Adam 陈柏宇老师的“正念领导力 Mindful Leadership”，这是给企业高阶主管上的课程。

 # 课题

VUCA 变革时代的领导者困境：一种是“温水中的青蛙”，表面平静但缺乏动力；另一种是“受伤的猎豹”，动力强劲却焦虑紧张。

场景

你是否每天忙着应付外面快速变化的环境，还要苦恼着内部团队士气无法凝聚，导致领导力无法发挥，压力日渐沉重，找不到有效解决之道？你的团队是否受到限制性思维模式笼罩，在角色、信念、价值观方面存在盲点和混淆，导致整个组织行为、团队势能、个体认知无法有效增长提升？

目标

你需要的解方是近年风行于全球企业、深受商界人士推崇且蓬勃发展的“正念领导力”。越来越多的商界人士体会到正念带来的直接利益，除了缓解压力源、提升创造性、增强专注力、激发好灵感，还能降低倦怠感、改善难入睡、对抗抑郁症、摆脱不平衡。正念领导力是超越困境之道！

本节和你分享了找到受众“痛点”的三个步骤：课题→场景→目标。试着用这三个步骤写写看吧！

Chapter 7

排除：如何把东西卖给适合的顾客，以提升满意度？

如果你想把东西卖给适合的顾客，就要在你的销售讯息中，事先“排除”两件事情：第一是排除受众不买的“理由”，第二是排除不买的“受众”。

一、排除受众不买的“理由”

站在受众的角度思考与感受，可能有哪些“理由”阻碍了他的行动。如果你真的想不出来，不妨把自己当成挑剔的“奥客”，尽可能提出各种疑虑，甚至刁难的想法，这样你就知道如何在文字中预先解决他的问题。当这些问题全部被解决，原本所有不买的“理由”反而可以成为帮助销售的“好朋友”，因为你写的全部都是他想要的。

例如：在“钞级文字力”的预购页中，提到以下这段文字：

我不会叫你去“抄袭”别人卖得好的销售文案，也不会教你写出读起来很美但不会转单的文案。抄袭是快捷方式，但你也出卖了自己的灵魂；文采能加分，但前提是能帮助销售。

抄袭别人的文案，不道德；写得很美的文案，却可能没有订单。事先排除受众心中想抄袭，或者只想写漂亮文案的想法。

另外，除了受众不买的理由之外，其他角色的抗拒理由你也要预先设想。也就是说，要考虑“对象”，也要从“使用者”与“影响者”的角度去思考，“用户”对于你的产品会有哪些抗拒，以及“影响者”会不会阻止受众购买。

关于“**使用者**”，例如高中家教班的购买者是父母，使用者是他们的孩子，孩子会不会因为觉得不想下了课之后还要再继续上课，或者因为个人情绪的关系，产生强烈抗拒，让父母打消帮他报名的念头？如果有可能的话，你要预先说服他们，但记得你要说服的不是孩子，而是告诉父母，家教老师上课很生动有趣，参加的高中生都很喜欢老师的上课风格，而且再怎么心疼孩子，也要为孩子的未来考虑，让父母尽快做出决定。

关于“**影响者**”，例如旅游行程，虽然购买者、使用者都是同一个人，但“影响者”可能是另一半。因为受众想带另一半出去玩，另一半对行程可能会有很多想法，让受众无法快速做出决定。这个时候，你就不能单纯以购买者的角度去说服他，而要再加上知名度前三名、满意度最高的旅游行程等理由，让他不再犹豫、直接订购，或者用以上说服点去说服他的另一半，使双方可以顺利成交。

二、排除不买“受众”

你的受众越精准，文字的说服力越强，销售成果就会越好。所以如果你的商品，有哪些受众不在你设定范围之内，建议你把他们排除。这里说的排除，不只是广告设定的排除，而是直接写在你的文字内，告诉不是受众的这群人，你的商品不适合他。当真正的受众看到你帮他排除了其他不买的受众，他将会感到更安心，连带提升对品牌的信任感。

例如：在我的高阶文字力课程“文字影响力”的销售页中，就注明了适合对象与不适合对象，如下：

注意！并非所有人都适合这个课程！

本课程适合对象：

知识工作者、教学工作者、营销企划人员、微型企业老板、业务销售人员、内容营销人员、社群经理人、博客经营者、网络创业家、文字创作者、身心灵工作者、卫教医疗人员、“斜杠”工作者。

本课程不适合对象：

心术不正者、以操弄别人为乐的怪人、内容农场经营者、特定文案信仰者、思想封闭者。

反之，如果你的商品有太多原本不是目标受众的人购买，就有可能因为商品真的不适合他而出现一些抱怨、负评，反而降低了整体满意度。所以，预先排除不买的受众，能提高整体满意度。

※ 再看看其他范例

- 给医师的简报课。
- 男友别来，闺密限定。
- 本工作坊仅限讲师报名。
- 本课程只给真正想赚钱的人。
- 专为工程师量身打造的约会活动。
- 我们的商品很贵，但一旦用过就回不去了。
- 本店餐点一律手工现做，以保留传统滋味，请耐心等待。

这一章和你分享了受众的**对象**、**标签**、**需求**、**痛点**、**排除**。好好分析你的受众，想清楚了，你就知道该怎么通过文字和受众沟通，让他买爆你的商品、课程或服务。

Part 3

不只吸睛，更要吸金！现在起决战标题！

那天我在博客订了几本书，其中有一本书，我翻了一会儿后，总觉得内容很熟悉。由于作者是日本人，心想应该是同一作者的另 本书吧！因为在我的经验中，有些来自日本的书，同一作者在不同的书中会提到类似概念，也会有相同范例。

虽然我一开始这样想，但却越看越熟悉，好像我跟这本书上辈子就认识了。于是我发挥柯南的精神，依照作者姓名在我的书柜寻找线索。很快地，我找到他的另一本书，我立刻查看两本书的书名是不是相同，确认之后，并不是。但随即我有了一个不好的想法，我翻开两本书的目录对照，惊讶地发现，两本书的目录几乎一样。为求谨慎，我还特意翻到内页仔细核对，最后，我确认买到了一模一样的两本书，只是书名不同而已。

当下我整个傻了眼！明明两本书书名的主题完全不同，一本是文案，另一本是故事，但内容却一样。我承认当初没有仔细看，只觉得书名还算吸引人，就放入购物车了。看来我又为低迷的书市贡献了一份力。

一本书的书名，可以大大影响销售量的多寡。有一本书《这世界很烦，但你要很可爱》，2020 年时一直盘踞在畅销排行榜上，出版业界人士认为是书名立了大功。

书名就是书的标题，从这个故事，你就可以明白标题有多重要了。特别是现在这个注意力稀缺的时代，标题决定点击率，好的标题能立刻带动销售，坏的标题会直接把顾客送走。

因为深知标题的重要性，我经常花很多时间设计标题，这一章就和你分享五种销售型标题的设计技法。如果你发现范例中有许多书名，不要感到意外，因为书名决定销量，出版社总是讨论很久才会定案，我们当然要好好学习。

Chapter 8

技法：五种标题技法，让顾客一看眼睛就被吸住！

一、触碰痛点

特色：目标受众遭遇的课题所带来的痛苦和恐惧，是他们急于解决的痛点。

公式一：把痛点变问句

把受众的痛点转换成问句，就可以轻松吸引注意力，范例如下：

《为什么他卖得比我好》

你作为销售人员每天认真服务顾客，努力拜访顾客，结果却看到同事业绩比你好，于是思考是不是自己哪里出了问题。这时看到这本书——销售女王陈家妤 Lulu 老师的《为什么他卖得比我好》，便决定买回去研究看看好了！

“什么是亲密关系里绝对不能踩的雷？”

“亲密关系里不能踩雷”是一句警告，如果曾经在亲密关系中受挫，心中可能就有这样的痛点，把痛点变问句，就变成了“什么是亲密关系里绝对不能踩的雷？”。点进去看，原来是心起点举办的幸福关系讲座，主讲者是史庭玮老师，她除了是心起点的创办人之外，也是一名关系疗愈师，陪伴许多伴侣找到人生的幸福。我第一次接触非暴力沟通，就是在庭玮老师那里。

“如何才能不当工具人？”

在追求爱情时，最痛苦的是某一方对另一方付出很多，帮忙修计算机、温馨接送、请客吃饭，当了万能的工具人，结果最后他还是爱上别人。所以“如何才能不当工具人？”就成为不想当工具人的这群人想知道的事情。点进去看发现原来是“非诚勿扰快速约会”，现在他们在 Podcast 还有节目：好女人的情场攻略。

※ 再看看其他范例

- 水煮食物可以先不要吗？
- 如何摆脱存不了钱的痛苦？
- 你觉得每天都腰酸背痛吗？
- 电信方案千百种，到底该选哪一款？（亚太电信）
- 夏天精神不振，白天想睡觉、晚上睡不着？

公式二：描绘痛苦场景

描绘痛苦场景可以让受众更有感觉，也可以用问句的形式，如下：

“煮得一手好菜，餐厅就能开得成功？”

很多人觉得自己会做菜，所以开餐厅应该很简单，后来才发现创业没有那么简单。所以这一句“煮得一手好菜，餐厅就能开得成功？”场景是自己煮菜好所以开餐厅，痛苦就是不一定会成功。“JK STUDIO 新义法料理”在台北能开得成功，除了餐点美味，也在品牌营销上下了很多功夫。

“想抓住台下注意力，却不知道该怎么做吗？”

只要上台，不论是授课、演讲，还是报告，最怕没讲几句，大家就不想听了，这个时候在台上的你整个尴尬到不行,这些都是痛苦的场景。所以看到“想抓住台下注意力，却不知道该怎么做吗？”这个标题，就会想“哇！好想知道该怎么做”。点进去一看，原来只要上曾培佑老师与庄越翔老师合开的“即课吸睛”这门课，就能抓住台下的注意力。这门课程我也上过，可以学到很多抓住台下注意力的方法，很适合教学工作者。

“总是塞爆的衣柜该怎么整理？ 1 分钟教会你”

相信这是很多女性朋友的心声，衣服永远少一件，衣柜塞到快溢出来。这个痛点就是衣服太多，却不会整理，让衣柜塞爆了，不知道该怎么办。结果有人却告诉你可以 1 分钟教会你，感觉很简单，那就点进去试试看吧！点进去一看，不是一篇教学文，那就是卖收纳箱的吧？！

※ 再看看其他范例

- 什么是递名片时千万不能做的事？
- 冬天四肢冰冷，袜子穿两层仍然感受不到自己的脚趾？
- 你曾在健身房运动，以为有美女来搭讪，结果是一场误会吗？

二、宣示卖点

特色：直球对决！把卖点放在标题里，快速吸引潜在受众，并筛选顾客。

公式一：最大卖点

一个商品、课程或服务的卖点绝对不是只有一个，但在标题中要抓住最主要的卖点是什么，才能比较有效率地吸引受众目光，而且找到最大卖点，才有机会在市场突围。

《小说课之王：折磨读者的秘密》

这个标题是一本书的书名，也是我个人很推荐的一本书。记得当我第一次阅读这本书时，整个人就掉进去了，等到我跳出来时，已经不知道过了多久，只知道我读完了。这本书由华语首席故事教练许荣哲老师所写，于 2020 年由天下文化出版。

《小说课之王：折磨读者的秘密》教你怎么看懂小说背后让人想读下去的秘密——让读者享受阅读过程所带来的情绪折磨。许荣哲老师分析了大量的经典小说题材，就算你没有读过这些小说原著也能通过许老师的分析领略奥妙，所以这本书被称为“小说课之王”当之无愧。

《如何创造全世界最好的工作》

我们都在寻找一份好的工作，但全世界最好的工作在哪里呢？“千万讲师谢文宪”宪哥用一本书告诉你答案。不管你是不是讲师，光看这个标题就会觉得很吸引人。《如何创造全世界最好的工作》于 2020 年由商周出版，我也买了一本，很佩服宪哥竟然把他的收入明细都摊在阳光下给大家看。

“穿比不穿还凉的移动冷气防晒外套（ONEBOY 冰锋衣）”

这句广告标题是我在路边等红绿灯时，在经过的公交车车体外部广告看到的，那时刚好是炎炎夏日，看到特别有感觉。有次我在文大教育推广部的课堂上分享这个案例，有位学员立刻举手表示他也看过，但他是在骑车的时候看到的，当时马路上废气蒸腾，所以印象深刻。

“有营销力的文字写作课：12 小时搞懂 20 招热销文案炼金术”

这是一门我的文字写作课，课程名称是不是感觉很吸引人呢？因为开课单位把好卖的关键词全部都加到副标中了，包含“热销”“文案”与“炼金术”。除此之外，通过数字还让卖点变得更具体，所以，下一个公式要和你分享如何“加入数字”。

※ 再看看其他范例

- 油，我们只用一次。（禄鼎记）
- 旅游书上找不到的隐藏版美食。

- 不论来几次都觉得好玩的度假小岛。
- 生蛋拌饭专用酱油。（日本 OTAMAHAN）
- 翻转生命框架，照亮儿时上学路。（励馨基金会）
- 蔬果，轻松补，营养补充一杯就够。（橙姑娘 | 101 蔬果轻松补）
- 找到你的魅力人声，你的人生将更有魅力。（布琳达的麦克风）
- 每月 360，邀您一起守护清寒单亲妈妈的依靠。（人安社福基金会）

公式二：加入数字

数字可以是数量、百分比、时间、金额等，重点在于让卖点更具体明确。

“充电五分钟，通话两小时”（OPPO 手机）

我没用过 OPPO 手机，但如果这支手机只要充电五分钟就能长时间通话，真的是很厉害的卖点。通过充电时间短与通话时间长的对比，短短几个字就能让人对 OPPO 手机产生兴趣。

《51 家超热门的亲子露营地》

我不确定你有没有露营过，但你知道哪里可以露营吗？你知道哪里是亲子露营的圣地吗？大大创意有一本书，书名叫作《51 家超热门的亲子露营地》，不但告诉你最热门的亲子露营地，还明确指出共有 51 家。哇！感觉好多。通过明确的数量，让人感觉只要买了这本书，带孩子去露营就没什么问题了。

《90%客户都点头的 5 分钟上手圈粉攻略》

这是雷龙式销售的黄国华老师写的书，标题用了百分比“90%客户都点头”，还有时间“只要 5 分钟”，让人觉得可以简单上手。精研销售策略的黄国华老师在国内各大保险公司巡回演讲，也针对保险业务人员开设课程，丰富的内容与实用的技巧，让许多保险业务人员的业绩在学习之后都能有效提升。

“银行存款从没超过 100 万元？ ×× 理财达人教你如何无痛存款”

存下第一桶金 100 万元是所有年轻人的梦想，但其实很多人终其一生也从来没有存下过 100 万元。前面那一句“银行存款从没超过 100 万元”是痛点，后面那一句“×× 理财达人教你如何无痛存款”是卖点，两者结合就成为一个很有吸引力的标题了！想让钱变多吗？那就来看看这篇文章在写什么。点进去看原来是“有钱人的商业思维”，告诉你什么投资工具比较好。

※ 再看看其他范例

- 六分钟护一生。（子宫颈抹片检查）
- 一通电话，当日配送。
- 捷运 ×× 站！出站 30 秒就到家！
- 每天 15 分钟就能学会说西班牙语。
- 文字行动力：6 小时学会 15 种劝败金句写法。
- 即使是单身狗，默默守在一百米外，女神的笑脸也拍得到喔。（数字相机）

- 爱心定存——让 100 万受助者的幸福没有句点。（联合劝募协会）

三、引爆惊点

特色：颠覆认知的想法，或者提出有争议的观点，借以引来注意力。

公式一：一次颠覆

用简单一句话就颠覆受众原本认知，快速抓住眼球。

“学英文不用背单词”

不会单词，英文也学得好吗？如果你的英文很烂，又想学好英文，这时候看到这样的标题，就可能好奇点进去看看，后来才知道原来是一对一真人教学，不用自己苦苦背单词。这个公式是“这件事情不需要怎么样也会”，反过来“不需要怎么样也会这件事情”也行，例如“不懂韩语拼音也能背单词”，如果你刚好想学韩文，会不会想知道该怎么做呢？

《这些汤彻底改变了我》

哇！“汤”竟然可以改变一个人的人生！到底是什么汤？背后又有什么故事？这个范例出自大大创意出版的一本书，作者是吴吉琳。这本书出版之后，因为卖得太好，后来以“这些汤彻底改变了我”为主题，陆续出了四五本书。你看，好的标题是不是真的很重要？

“没事别想不开去创业”

对于怀抱创业梦想的人，看到这个标题就会忍不住想点进去。我之前在某大学育成中心授课时，列出了十个不同的标题，问大家对哪个标题比较有兴趣，其中“没事别想不开去创业”这个标题最能引起大家的关注。

在育成中心里学习的都是正在创业或者准备创业的大学生，因此看到和认知不同，特别带有吓阻意味的观点，当然想知道为什么。点进去一看，才知道原来是陈政廷老师的“商业模式设计”课程，学会了商业模式再创业，才不会落入创业即失业的窘境。

※ 再看看其他范例

- 农夫山泉有点甜。（农夫山泉）
- 你的孩子不是你的孩子。
- 让学生乖乖听你话的小心机。
- 没有好的商品名千万别做营销。
- 《业务之神的安静成交术》。（马修 · 波勒 | 三采）
- 《就怕平庸成为你人生的注解》。（欧阳立中 | 天下文化）
- 你所认识的 SEO 知识大部分都是错的。

公式二：两段描述

“两段描述”顾名思义就是将文字分成两段，以创造阅读的节奏感。

“存钱，正是让你越来越穷的原因”

以结构而言，用逗号区隔成为两个段落，强化对比的感觉。以内容而言，多数人都认为一定要先存钱，才会变有钱，结果这个标题却说“存钱，正是让你越来越穷的原因”，完全地颠覆认知。点进去看才知道，原来并不是完全否认存钱的好处，而是告诉你不要当守财奴，只懂得节省，把钱存下来。重要的是你留下来的钱,要去创造更大的价值。

首先，投资自己的头脑，让自己能力提升，之后你能赚到的钱也就会变多，例如报名 Elton 的所有课程。其次，用钱滚钱，这样赚钱才会轻松，例如找科技新贵包租公 Alex，他会告诉你如何用钱赚钱，才能跟他一样做到财务自由，提早退休。

“写好文案并不难，只是多数人把文案想得太难”

以结构来看，“写好文案并不难”是一段，“只是多数人把文案想得太难”是一段。“写好文案并不难”这句就颠覆了多数人的认知，因为感觉写好文案是个比较专业的技术。后面那一句又强调了写好文案不难的观点，指出是多数人把文案想得太难。

当你看到这个标题时，可能会想，该不会我也把文案想得太难了吧？于是好奇点进去看看，然后看到了一些基本文案教学，才了解原来要上手，真的没想象中困难。而这个句型“什么并不难，只是什么太怎么样”是一个很好套用的句型，例如：“创业并不难，只是多数人把创业想得太难！”“情绪管理并不难，只是太多人把情绪管理讲得太难！”不妨试试看喔！

“骗人！制作梦想板，竟然是让你无法完成梦想的原因？”

这是我之前某一封开信率超过30%以上的电子报的主旨（即标题）。以语意而言，“骗人”与“制作梦想板”算上半段，“竟然是让你无法完成梦想的原因”算下半段。制作梦想板是很多业务团队每年都会做的事情，这是让梦想显化的方法。但这个标题却说制作梦想板就是无法完成梦想的原因，这就会让受众感到惊讶，为什么会这样呢？难道我错了吗？难道我这么多年来都错了吗？这是乱说的吧？带着纷杂的情绪点进去看，才发现原来要让梦想显化，不能只是做好梦想板,还要去参与“微亮计划”的教练工作坊，找到你内心的渴望，然后一步步找到人生的方向。

“你以为的写作，不过是在浪费时间”

写作的好处毋庸置疑，可以锻炼思维、传达想法，也能借由文字累积品牌资产。所以看到这个标题，可能会让人吓一跳！为什么我们的写作是浪费时间？原来他的意思是，网络写作不能再像传统作文一样，强调起承转合，而是要写出符合网络社群时代的文字。

如果过于守旧，即使产出再多的内容，也没办法创造网络的影响力。点进去一看，正是 VISTA 郑纬筌老师的“写作陪伴计划”，手把手带你写出内容营销续航力。

※ 再看看其他范例

- 不可思议的唇色，闪亮水嫩光泽。
- 你所不知道的澎湖，本地人带你认识。
- 别人嘴里的蠢事，成为我赚钱的本事。
- 没吃福义轩，我都不敢说你来过嘉义。
- 面试必胜秘诀，前人力银行主管偷偷教你。
- 决定成为老师前，我也曾经忧郁到想要了结自己。（雀儿喜老师）

四、制造悬点

特色：在标题留下悬念，直接引起好奇心，让人想找答案。

公式一：惊叹 + 反差

先有一个惊叹词，再加上一个让人感到反差的状况。

“天哪！我竟然冒着失业风险告诉你这些 × × × × Knowhow”

“天哪”就是惊叹词，“告诉你这些 Knowhow”就是让人感到反差的状况。到底是什么 Knowhow？这就是“悬点”，同时，“冒着失业风险”也等于是颠覆认知的信息，会让人好奇。

“怎么可能？课都还没上完，销售力已经提升？”

“怎么可能”是惊叹词，“课还没上完，销售力已经提升”就是让人感到反差的状况，也是颠覆认知，因为不知道是什么课，所以是悬点。

原来是我的这门课程默默地帮助学员改变了销售的观

念，她将课堂上教的高阶文字力概念横向移植到电话销售上，短短几分钟就让成交额提升了好几倍，连我都自叹弗如啊！

※ 再看看其他范例

- 不会吧？80岁阿嬷竟然击倒180壮汉？
- 真少见！北大高才生卖猪肉，赚得百亿身家！

公式二：提示+……

也就是话说一半，后面加上标点符号“……”，代表未完待续。

“原本我超讨厌喝汽水，但现在居然每天喝，因为……”

印象中汽水都是糖分，是一种很不健康的饮品，所以重视健康的人通常不太喝汽水。为什么原本讨厌喝汽水的人，现在却每天喝，原来这罐汽水是没有糖分且添加膳食纤维的新产品，喝了也不会有负担，还可以帮助肠胃蠕动，难怪一试成主顾。好啦！我承认这是我的心声啦！

“一家人自驾旅游，下高速公路才发现孩子没上车……”

所以旅游业的朋友要告诉你的顾客，不要再自由行了，搞不好连孩子都忘记，我们规划了很棒的亲子行程，非常适合你们。不过,这突然让我想起小学校外教学去六福村玩,离开时有同学还没上游览车,车就开了,大概是存在感薄弱,竟然没人发现。于是他在游览车后面一把鼻涕一把泪地追赶，好在车只是刚离开大门，否则他就变成自由行，要自己回台北了。

※ 再看看其他范例

- 再不跟你说，你会恨我……
- 揭开惊人美肌效果之谜……
- 你需要的不是时间管理，而是……
- 我带来一个坏消息，和一个好消息……

公式三：状况＋提问

也就是先描述一个状况再提出问题，而这个状况通常可以反映卖点。

“他边洗澡边跳舞，为什么不怕滑倒？”

在浴室洗澡，满地都是水，地板应该很湿滑，有人竟然敢一边洗澡一边跳舞，不是很容易滑倒吗？所谓一花一世界，一跳一扑街啊！点进去一看，原来是“良品大师——地板防滑专家”帮浴室做地板防滑处理，“有良品，让你不再步步惊心”。

※ 再看看其他范例

- 不工作，为什么却更有钱？
- 鞋子上有 300 个洞，为什么还能防水？
- 为什么疲累时，你需要的不是休息，而是运动？

五、共鸣暖点

特色：对特定受众喊话，创造多数人会有共同感受的情境，或者替受众说其说不出口的话。

公式一：直接喊话

对特定族群或有特定想法、行为的人喊话，使其产生共鸣。

“给想吃又想瘦的人”

感觉很矛盾，却是很多人的写照。其实你只要找“TFL淬炼学院”最专业的教练，安排一对一的运动指导，你不但能大吃大喝，还能保持良好、健美的身材。你可能不知道，有些人热爱运动的原因，就是为了能让自己有本钱大吃大喝呀！

“给总是下午突然想打瞌睡的你”

每天一到下午，眼皮就撑不住，总不能老是靠咖啡吧？因为咖啡喝太多，晚上又会睡不着，造成恶性循环。所以你要买 Lovefu 乐眠枕，改善你的睡眠质量，白天就有精神了！

《报告狗老大：杨静宇医师的全方位健狗大补贴》

这标题显然是针对爱狗人士设计的，把宠物的地位提高，甚至高过于饲养的主人，显示自己对宠物的溺爱，就像养猫的人喜欢称呼自己为猫奴，或者铲屎官一样。对于爱狗人士而言，这是一个有共鸣的标题，此为杨静宇医师撰写、由大大创意出版的一本宠物专书。

※ 再看看其他范例

- 给想学测满级分的你。
- 40 岁熟男的必备行头。
- 身高 160 的小个儿男孩有福了。
- 推荐给意志力薄弱的人。
- 男人的第二生命是发型。
- 让女人着迷的约会行程。
- 最适合与情人一起度过的 5 个日子。
- 男人的早晨，这样开始就对了。
- 用爱浇熄，暴力远离，受暴妇幼复原路上需要你相挺。（妇女救援社福基金会）

 # 公式二：共同感受

引发多数人共同感受的情境，或者替受众说其说不出口的话。

“认真的女人最美丽”

这是台新银行非常经典的广告标语，体察到女性在生活与职场上的辛苦，看见女性的认真与付出，温暖地告诉你认真的女人最美丽，因此获得广大女性受众的认同。

“谈钱，才是对员工最好的尊重”

只要在职场上，这句话大家一定很有共鸣。不用跟我讲那么多，给我加薪，让我多赚一点钱，我才相信你是对我好的，你是真的尊重我的。所以加盟“良品”防滑事业，时薪两千元不是梦，不只跟你谈愿景，直接跟你谈能赚多少钱。让自己不再只替老板卖命，做多少赚多少，下班后成为自己的老板，开始拓展“斜杠”事业。

※ 再看看其他范例

- 见证爱情的打卡热点。
- 上班族辛苦了，送上小确幸。
- 爸爸，再陪我久一点。（阳光基金会）
- 一个可以安心偷哭的地方。（麦当劳叔叔之家基

金会）

- 大手拉小手，让我陪着你慢慢走。（伊甸基金会）
- 你学英文的痛，英文老师的我都曾经历过。（雀儿喜老师）

Chapter 9

心法：四大下标心法，决定了你的标题好不好卖！

除了“吸引阅读”“界定受众”之外，还要注意哪些重点，才能强化标题的销售力？有四个重点，也是设计标题的心法：第一个重点是“**急迫性**”,第二个重点是“**独特性**”，第三个重点是“**明确性**”，第四个重点是“**收益性**”。我们依序来看看：

一、急迫性：为什么他现在要看？

- “疫”起助贫。（家扶基金会）
- 现在起，就靠投资致富。
- 挥别炎热就从今年夏季。（奇异冷气机）
- 再不畅游世界，我们就老了。（旅游业）
- 今天看一下这篇文，因为明天看到也没用了。（倒

数截止）

- 只剩最后 28 个，在你看这行标题时又少了一个。（通知库存不足）
- 108 年绝育经费已用罄，流浪犬绝育不能等。（怀生相信动物协会）

二、独特性：你的东西哪里不同？

- 乳影随行，偏乡乳筛。（乳癌防治基金会）
- 加速遥遥领先，用油一路殿后。（March 汽车）
- 衔接母乳，最好的成长奶粉。（桂格奶粉）
- 独家配方，三效合一，维持青春与活力。（保健食品）
- 你唯一要担心的是如何向孩子解释。（医美诊所）
- 碳水化合物的真相！和你想象的完全不一样。（铁人 28 运动俱乐部）
- 疼惜长辈，“澡”回幸福。（伊甸基金会）

三、明确性：你想清楚告知什么？

- 一年买两件衣服是道德的。（中兴百货）
- 寒冬送暖，救助颜损弱势家族。（阳光基金会）
- 宝石设计，每一条项链都独一无二。（美石主义）
- 5个成人学习的致命错误，而且很常见。
- 如何通过“钞级文字力”在线课程省下一半的广告费用？
- 推荐朋友拿$200，于××/××～××/××核卡且完成首刷，每卡送$200购物金，回馈无上限。
- 每月1650，一路有您，助植物人常年服务。（创世基金会）

四、收益性：他能得到什么好处？

- 新朋友独享，199上网吃到饱。
- 分享三倍券，让爱三倍动。（中华唐氏症基金会）
- 影像阅读术，一年阅读一百本书。（寻意老师）
- 鲜为人知的投资秘密武器，让你获利翻五倍。（有

钱人的商业思维）

- 1000 元能买到什么？可以上一整季的“字游主义”读书会。
- 给我 90 分钟，我给你 LINE 官方账号社群经营全攻略。（许涵婷老师）
- 捐百元助癌友，总价 30 万元好礼等你拿。（癌症希望基金会）

设计促进销售的标题有四大心法：“急迫性”“独特性”“明确性”“收益性”。在你写下标题时不妨思考一下你的标题符不符合这四大心法。不过，标题总有文思枯竭的时候，这时候该怎么办呢？

Chapter 10

点子：没有灵感吗？
八个点子让你灵感多到可以借别人！

灵感往往来自素材，而素材要随时储存与准备。以下提供八个设计标题的点子，让你没灵感时也能写出好标题。

第一个点子：提问

当你提出了一个问题，而这个问题的答案刚好是受众想知道的，就会让人想继续看下去。设计问句最简单有效的方法，就是你可以把“卖点”或“痛点”转换成问句。以下列举五种问句的形式：

#“吗”

- 你有失眠的烦恼吗？
- 你有贷不到款的问题吗？

"如何"

- 《如何阅读一本书》。（莫提默·艾德勒、查理·范多伦 | 台湾商务）
- 如何用 5 天赚到 5 个月的收入？

"什么是"

- 什么是从没有订单到天天进单的秘诀？
- 什么是连现代格斗高手都想学的传统武术？

"为什么"

- 为什么找对的发言人比找对的代言人重要？
- 《为什么我们这样生活，那样工作？》。（查尔斯·杜希格 | 大块文化）

"想要……"

- 想要让肌肤变得更水嫩透亮吗？
- 想要网络创业，却不知道如何开始吗？

※ 再看看其他范例

- 《心理学如何帮助了我？》。（刘轩｜天下文化）
- 为何上营销课没用？除非你先解决这 3 件事情……
- 你终究要开欧洲车的，那为什么不一开始就开？（Skoda）
- 农历鬼月，爱车逐渐有不明状况？柴道长维修专线。（欣德利车辆工程）
- 你想品尝当天新鲜的万里蟹吗？可以来新小微渔坊，我们为你上菜。（新小微渔坊餐厅）

第二个点子：盘点

盘点就是在标题中提示，内文整理了受众所需要的关键信息。以下列举四种技巧：

#“所有”

“所有让顾客买爆的方法都在这里了”

在“钞级文字力”的在线课程中运用了相同的方法，暗示只要你想通过文字卖得更好，这里有你所需要的全部内容,这门在线课程已在“学到”平台上架。读到这里的你，可能很快就会去购买了。

“我把所有最实用的说故事方法，都写进这本书了”

在欧阳立中老师写的《故事学》这本书中，他提到“我把所有最实用的说故事方法，都写进这本书了”，也是用了相同的技巧。当我阅读这本书之后，确实学到很多说故事的技巧，而且浅显易懂，很有收获。

※ 再看看其他范例

- 所有打造“爆款基因”的方法都在这里了。
- 胸大肌怎么练？所有练胸大肌的方法都在这里。
- 《远距工作这样做：所有你想知道的 Working Remotely 效率方法都在这里》。（Xdite 郑伊廷 | PCuSER 计算机人文化）

#“最”，最多、最长、最远

“女生最爱的 10 种情人节礼物”

当你不知道情人节要送什么礼物时，看到这个标题点进去，他帮你整理好了 10 种情人节礼物，直接挑一个吧！

#“不该做的几件事”

“男人注意！谈恋爱永远不该做的 3 件事情”

算是盘点中的警告，提醒有哪些事情千万不要做，做了就会陷入“万劫不复”的深渊。如果你还是单身，不想当工具人，想要赶快开始谈场优质恋爱，那就找“非诚勿扰快速约会”吧！脱单，现在还来得及喔！

#一次用多个数字

《轻松七日、一日三餐，低碳·生酮饮食 97 道》

这是曾心怡在悦知文化出版的一本书。当初我在博客闲逛，看到书名就觉得非常吸引人，让人感觉非常的具体、明确，而且很专业，几乎想直接放进购物车了。

我不是想减肥，而是想了解什么是生酮饮食，不然在网络上浏览总是一知半解，看到这本还有医师背书，于是我就真的买了。

※ 再看看其他范例

- 10000 个红包，10000 个契机。（世界展望会）
- 植物人常年服务暨第 31 届寒士吃饱 30。（创世基金会）
- 《一句说重点。4 步骤、7 方法、刻进右脑的 20 个关键词，写出短精劲趣的走心文案》。（田口贞子 | Suncolor）

第三个点子：负面

通过文字创造负面的情绪，也是颠覆认知、引起争议的方法。

负面用语

《你的沟通必须更有心机》

心机这两个字带有一点点负面的感觉，竟然和沟通这样比较正面的行为联结在一起，让人很好奇。原来咨商心理师陈雪如的意思是，你要了解人类的心理机关是怎么运作的，你才能在生活上、工作上进行有效沟通，心机指的就是心理机关。《你的沟通必须更有心机》由陈雪如在 2019 年于时报文化出版。她活用心理学专业知识，运用稍微负面的字眼吸引大家关注，让你看懂人类的心理机关。你能读懂多少心机，决定着你在职涯发展的轨迹。

负面意象

《华尔街之狼》

有些字会联想到负面的意象，例如华尔街之狼的“狼”这个字，让我们想到的是快速、残忍、凶猛，是一头野兽，而华尔街也是充满竞争的环境，所以华尔街之狼会让人感觉这家伙很厉害。

如果换个字眼，变成华尔街之羊，就完全不同了，感觉会被欺负、任人摆布，最后被狼吃掉。因为羊的意象是温和、可爱、没有攻击性的生物，如果出现在可怕的华尔街，大概只有待宰的份吧！《华尔街之狼》是乔丹・贝尔福特的自传小说，由时报文化出版，之前也曾拍成电影，非常好看。

使用负面标题要非常注意，你要思考负面的用语、负面的意象和你的品牌是否能联结？像乔丹·贝尔福特，他摆明就是个诈骗犯，所以他的品牌形象和华尔街之狼就是一致的，甚至还能帮他加分。但如果你的品牌都是正面、良善的形象，那使用时就要谨慎一点，可以玩一下，但不要太过火。

※ 再看看其他范例

- 《当洗脑统治了我们：思想控制的技术》。（冈田尊司 | 远流）
- 《严禁恶用！跟诈骗集团学“暗黑交涉术”》。（多田文明 | 野人）

第四个点子：专业

在标题中呈现专业感，也是提升标题吸引力的方式。

善用品牌形象

《我在微软学到的模块简报技术》

光看到“微软”这两个字，你是不是就感到很好奇了？

因为微软这个品牌具有全球影响力，会让人觉得很专业。这是由先行智库执行长苏书平在大是文化出版的一本书，他之前在微软任职，所以相当有公信力。

这本书我也有买，读完后确实觉得和一般重视简报技术的简报书不同,而是更重视商业提案的架构。在“九比一”在线课程平台也有相关学习资源。

※ 再看看其他范例

- 《Google 最受欢迎的正念课：每次开课数百人争取，脸书、高盛、麦肯锡纷纷引进，他们这样培养未来需要的人才》。（荻野淳也、木蔵シャフェ君子、吉田典生 | 大是文化）
- 《麦肯锡问题分析与解决技巧：为什么他们问完问题，答案就跟着出现了？》。（高杉尚孝 | 大是文化）
- 《教练：价值兆元的管理课，贾伯斯、佩吉、皮查不公开教练的高绩效团队心法》。（艾力克·施密特、强纳森·罗森博格、亚伦·伊格尔 | 天下杂志）

善用专有名词

《内容感动营销：用 FAB 法则套公式，“无痛”写出超亮点！》

这是内容黑客郑纬筌 Vista 老师在方言文化出的一本书。其中有一个专有名词叫作“FAB 法则”，三个英文字母分别代表 Feature（属性）、Advantage（优势）和 Benefit（利益），放在标题当中，立刻能吸引大家的目光。

在标题中呈现“专业感”非常适合服务与课程，如果你要卖的是这类产品，不妨试试。要思考能否和什么品牌联结，或者通过什么特殊专有名词来提升专业感。

※ 再看看其他范例

- 唯一将幸福列为标准配备。（Mitsubishi SAVRIN）
- 牙医师第一推荐的抗敏感品牌。（舒酸定牙膏）

第五个点子：独家

独家信息因为取得不易，所以会有特殊感、珍贵感，如果披露的单位是有公信力的，也会有专业感。以下分享两个技巧：

内部信息

《麦当劳操作手册》

从企业内部取得的信息，会让人感觉非常机密。多年前买过一本书叫作《麦当劳操作手册》，当初冲着这本书的书名就买了，后来被一位麦当劳的店经理看到，他整个吓到，他说里面把麦当劳所有的员工守则都放进去了，这些数据只有麦当劳的员工才能拿到。这本书是 2003 年出版的，时间过去这么久，目前市场上很难找到。

※ 再看看其他范例

- 现任五星饭店行政主厨教你做甜点。
- 前 Facebook 员工教你怎么经营脸书。
- 前 APPLE 设计师教你如何做出色的产品设计。

非常独特

《游戏人生：善用游戏，活化教育，玩出新高度》

我曾参与过杨田林老师的“善用游戏提高培训效益”课程，在一整天的“游戏”中，体悟了游戏化教学的关键心法。通过清晰的定位做出差异化，也能变成“独家”，杨田林老师在 2020 年重新于商周出版的《游戏人生：善用游戏，活化教育，玩出新高度》，就用了“游戏人生”四个字。游戏已经融入他的人生，游戏无所不在，想活化教育，玩出新高度，就一定要向经验丰富的杨田林老师学习。

※ 再看看其他范例

- 文字影响力：文字的表达、沟通与销售，适用于多数文体的终极文字力。

第六个点子：效益

强调效益，包括两个技巧，第一个是“强调达成效果”，第二个是“强调达成容易”。

强调达成效果

“让金牌销售教练教你如何业绩翻倍”

强调你的商品、课程或服务最后能带来什么好处，而达成的效果就是业绩翻倍。这是陈家妤 Lulu 老师的《为什么他卖得比我好》这本书的副标题。

强调达成容易

“3 小时打造你的知识体系”

通常强调容易达成会放入具体的时间，而且是比较短的时间，例如几天、几个小时，并且会有具体成果。“高效读书会”是我之前办过的公益读书会，“3 小时”就是比较短的时间，“打造你的知识体系”就是具体的成果。你也可以试试这个公式——**“多久时间，带来什么样的成果”**。

强调效益，在美妆保养品文案中也很常见，例如：专利凝水技术，沁凉好吸收、随时补水，48 小时长效保湿。

※ 再看看其他范例

- 当天来回的轻旅行。

- 止口渴又不碍胃。（爱滋味麦仔茶）
- 不伤手，无残留。（立白洗洁精）
- 有点黏又不会太黏。（中兴米）
- 管它什么垢，一瓶就够。（3M 魔利万用去污剂）
- 躺着玩，坐着玩，趴着玩，还是八仙好玩。（八仙乐园）

第七个点子：秘诀

秘诀不一定是什么高深莫测的观念或技术，也不一定很复杂或很困难，秘诀是“专家不想让你知道”，或者“大家都不知道”，但却是很关键的事情。

专家不想让你知道

“电商投手不想让你知道的广告投放秘密”

因为专业的累积是辛苦的，或者说专家想要巩固专业地位，有些事情不想让其他人知道。以投放广告来说，电商投手可以说是最厉害的广告专家，因为他们时时刻刻都在跟广告搏斗，所以如果你想学习广告投放，看到这个标题——“电商投手不想让你知道的广告投放秘密”，你会不会想点进去看看？

大家都不知道

“这是90%以上减肥的人都不知道的减肥秘诀”

有些事情只有专家知道，有些事情只有少数人知道，甚至连专家都不见得清楚。就像现在越来越多的人接受了生酮饮食的概念，但在几年前还鲜为人知的时候，连营养师、专业医师都不了解生酮饮食是什么。所以如果你掌握一些大家都不知道的事情，那就是珍贵的秘诀，就像这里所说的“90%以上减肥的人都不知道的减肥秘诀”。

秘诀也要谨慎使用，因为现在信息流通快速，真正的秘诀越来越少，如果你的信息是很普通的信息，也没办法给人启发，那就不能称之为秘诀。虽然秘诀好用，但用这两个字的时候请思考：对于你的受众而言，这些东西算是秘诀吗？

※ 再看看其他范例

- 《房仲业不告诉你的50件事》。（李伟麟 | 商周出版）

- 时间是有钱人绝口不提的秘密。
- ×× 个你希望自己早知道的超实用小秘诀。
- 《叫卖竹竿的小贩为什么不会倒？——你一定用得到的金钱知识》。（山田真哉 | 先觉）

第八个点子：优惠

直接在标题上放入近期的优惠，最好是针对买过你商品、课程或服务的受众。以下分享两个关于优惠的技巧：

低价优惠

用赠品当作卖点吸引人，是促进购买的营销方法。例如：太夸张！现在买 ××× 商品，再送价值 2000 元的 ××× 好礼！

“疫情期间失业潮——产业培训最高全额补助”

这是我之前在脸书看到的一则广告标题，开课单位是赫彩计算机设计学院。疫情期间很多人失业，上课最高全额补助，也就是不用钱的意思，真的很吸引人。

置入关键词

这一方法能在优惠的基础上让商品变得更好卖，例如：免运、免费、省下 ××× 元、折扣 25%、买 1 送 1、第二件六折、满千送百等等。

※ 再看看其他范例

- 10 大吃到饱餐厅。
- 用大金，省大金。（大金冷气）
- 双十一，最低十一元起。
- 跨年旅游，早鸟报名享优惠。
- 五星级饭店 1.8 折起！最高 10% 点数回馈无上限！
- 布置空间不知如何下手？免费提供懒人包给您。（建筑疗愈师唐嘉鸿）
- 年票今天截止，果断的人，永远懂得把握机会。（“字游主义”读书会）
- 报名本次“高价值自我工作坊”赠沐妮亚喷雾一瓶。（Monia Love Center 沐妮亚爱之心）

Part 4

如何让他忍不住看下去、买起来？你需要给他五大情境诱因！

有个学员帮我的课程写了一篇推荐文，他说："Elton 老师的文字有种魔力。还记得当初上的这堂课程是在朋友脸书上看到的，我完全不认识他。但不知怎么的，我边看介绍边点头，心里想着，这完全就是我需要的。"于是，他在第一次看到销售页、第一次知道我这位讲师时，就立刻报了我一整天的课程。很感谢这位学员的肯定，也要感谢当初在脸书上分享课程信息的那位朋友。

无独有偶，不久前我帮某位老师的课程写了推荐文，他看完后，打趣地在脸书上写了一段文字："我很怕读郁棠的文章，因为明明知道他在业配（打广告），手指却情不自禁点进课程链接，然后心动报名……能把课程推荐写到让开课老师都想报名的，郁棠是第一个！”

看来我的文字还真的有些魔力，会让人想一直看下去，看到最后还会激发购买欲望。问题是，到底怎么让文字产生这样的魔力呢？除了之前提到的“受众”思维之外，你还需掌握更多的“诱因”，才能写出有魔力的文字，持续提升受众的欲望。例如：怎么写才能让痛点够痛？怎么写才能让卖点好卖？感官描绘的重点在哪里？为什么要做到情绪联结？如何才能深化文字对内在的影响？这些问题在接下来的这一章你都能得到解答。

你即将学到五大诱因，都是对应人类本能反应的方法。但请放心，这些内容并不会很艰涩，也许有些你已经知道了，也许有些你还不熟悉，但这些都是你必须牢牢记住的事情。当你掌握了这些诱因之后，如果想要更进一步提升你的文字力，赋予文字真正的魔力，就来找我吧！

Chapter 11

够痛：让痛点够痛，顾客才会意识到问题的严重性！

想抓住顾客的目光，增加购买诱因，先从掌握人类本能开始。人类的两大本能——“快乐”和“痛苦”，驱动着我们的想法与行为。

逃避痛苦的力量永远比追求快乐来得强，当痛点被提起，引起内心恐惧，顾客就会重视这个课题，如果你能为他解套，他就会视你为救世主。当然，最好的解套方法就是你的商品、课程或服务。

让痛点够痛的方法，第一种是“痛上加痛”，用于强化动机，第二种是“痛苦不见”，用于解决痛苦。以下分别说明：

第一种　痛上加痛：痛点 + 恐惧

要让痛点触动情绪，光是写出痛点，顾客不一定有明显感受，所以有时可以延伸描述痛点带来的恐惧，让痛苦更往内心走。你可以用这个公式："痛点 + 恐惧"。以下分别举六个范例：

范例一

痛点：从以前到现在，文字沟通一直困扰着我。

恐惧：每次要打字时，我心中都充满不安……

课程：文字力课程。

范例二

痛点：吃东西时，摘下口罩要放哪？

恐惧：摘下口罩随便放，沾染病毒更可怕！

产品：口罩收纳盒。

范例三

痛点：有文笔没有营销力。

恐惧：你的文字没有脚，走不进读者的心里。

课程：有营销力的文字写作课。

范例四

痛点：你一人到国外自助旅行，但连一句英文也说不出来。

恐惧：想到要和外国人讲英文，就全身发抖到不行……

课程：英语家教。

范例五

痛点：洗面奶越用越多，但洗发精越用越少？

恐惧：发际线不断往后退，担心自己提早雄性秃？

产品：生发产品丨植发疗程。

范例六

痛点：除非你能让顾客埋单，否则你在网络上的所有努力，都只是白费力气。

恐惧：顾客不埋单，你可能永远不能下班；顾客不埋单，你的梦想全部都变成空想。

课程：钞级文字力。

“痛点＋恐惧”写法用于销售页上、博客文章中，可以多描述一点，但如果是脸书帖文就可以适度缩短，而如果是 LINE 讯息，或者广告短文就不宜太多。通常因为篇幅限制，文字最好更快切入重点，这时候另一种写法就能派上用场了。

第二种　痛苦不见：痛点＋解决

写下顾客的痛点，并且告知你能帮他解决痛点，就能引起顾客兴趣，进而采取行动。你可以用这个公式：“痛点＋解决”。以下分别列举六个范例：

范例一

痛点：涂口红沾杯好尴尬？

解决：×× 口红 24 小时不脱色。

商品：叶小鱼｜不脱色口红。

范例二

痛点：想要让自己看起来更美吗？

解决：靠眉型，不用微整形。

服务：贺宝萱 | 兰轩美学。

范例三

痛点：农历鬼月，爱车逐渐有不明状况？

解决：柴道长维修专线。

文章：欣德利车辆工程。

范例四

痛点：学了一堆心理技巧，自己的情绪却处理不了？

解决：自我好情绪五大模块，帮你去芜存菁，留下有用的好情绪，应对棘手的坏情境。

服务：山姆王 | 身心系统。

范例五

痛点：管理很累，领导更累！

解决：先识人，再用人，把员工放在对的位置，他就会变成人才，为你所用。

课程：林哲安 | 人际影响力赢学。

范例六

痛点：法式料理百百种，怎么点餐搞不懂？

解决：JK 小编推荐每日一菜，让你逐渐外行变内行，分分钟成为令人刮目相看的西餐达人。

餐厅：JK STUDIO 新义法料理。

相较于第一种“痛上加痛”，第二种“痛苦不见”是不是感觉更容易上手呢？以文案角度审视，“痛点＋解决”几乎可以说是“销售型文案”的基本款了。

※ 再看看其他范例

心，好像有什么卡住了……你想解开自己内心的困惑吗？生活，好像被什么困住了……你想走出人生的彷徨与无助吗？关系，好像哪里出了问题……你想化解彼此的冲突与纠结吗？

了解 OH 卡，找到通往潜意识的入口，学会引导咨询，让潜意识告诉你最真实的答案。（心起点 | 专业 OH 卡咨询师培训）

问题来了！有时候顾客就是没有明显的痛点。例如：不出国旅游，人就一定会发疯吗？不吃这块滋味浓郁的凤梨酥，会茶不思饭不想吗？答案很明显，除了少数狂热者，多数人并不会因此受到影响，换句话说就是痛点不痛。如果是这样的情况，该怎么办呢？

Chapter 12

好卖：让卖点好卖，才不会写了一堆顾客都无感！

“恐惧要求”的效果来自“逃避痛苦”的人类本能反应，而“精炼卖点”的效果刚好相反，是来自“追求快乐”的人类本能反应。接下来，我就和你分享让“卖点好卖”的两种写法，让顾客看了更有感。

第一种 清晰化：卖点＋说明

卖点要浓缩字数，才能有效聚焦、帮助记忆，但精炼过后的卖点往往比较抽象，或者过于简短。所以，要在卖点后面补充说明，才能让文字意义更明确，也更有销售力。以下列举多个范例：

- 回甘，就像现泡。（统一茶里王）
- 提升绩效，找回人生发球权。

- 早期疗育，照亮孩子的未来。（育成基金会）
- 文字销售力：让文字成为你的钞能力。
- 《赢在胜任力：迎接 VUCA 时代的人才新战略》。（励活课程设计讲师群 | 布克文化）
- 《懒人图解简报术：把复杂知识变成一看就懂的图解懒人包》。（林长扬 | PCuSER 计算机人文化）
- 《超越地表最强小编！社群创业时代：FB + IG 经营这本就够，百万网红的实战笔记》。（冒牌生 | 如何）
- 让文字成为你的魔法棒：写进升职加薪的入场券，写出增加营收的放大镜，写下幸福沟通的艺术品。

第二种　具体化：数字 + 效果

数字是具体化的好帮手，可以让卖点看起来更吸引人，但记得要说明这些数字能带来什么样的效果。以下列举多个范例：

- 每天一粒，帮你保持好状态。
- 前后 2000 万，拍照更清晰。（OPPO）

- 0 元开始，建置你的销售页。（一页购物）
- 12 件衣橱必备单品，搞定一周穿搭。
- 自备九万起，轻松入主 ×× 捷运生活圈。
- 10 小时让永续成为你的 DNA。（优乐地永续讲师班学员作品）
- 直播准备 4 大篇 & 3 种情境，让你一手掌握直播要点。（桌游莓老师）

Chapter 13

感官：如果没打开顾客的感官，文字就难以想象！

人对于世界的认知是由感官输入，形成记忆，在 NLP（神经语言学）当中被称为“表象系统”。而人类的感官分成“视、听、触、味、嗅”，也就是所谓的“五感”。如果你的文字中能加入感官描绘，就能让文字从抽象变具体，更有画面感，你就会成为文字导演，让文字成为一场精彩的预告片。

感官描绘

我们看第一个层次——感官描绘，当文字导演，让文字变立体。以下这段文字摘自我的学员 Maro 写的小说作品《南十字星 1》的开头段落：

“仲夏。刚降临的湛蓝夜幕，来不及带走风中的灼热。风铃与蝉鸣都静默着，在释放懒散感的空气中。”

看完这段文字，你感受到了什么？首先，夏天的夜晚看起来是什么颜色？不是黑漆漆一片，而是湛蓝色的，这是“视觉”。风吹来是什么感觉？夏天的风吹过肌肤带来灼热感，这是“触觉”。风铃是清脆的声音，蝉鸣是规律的合唱，但在夜里，它们的声音都静默了，对比白天的热闹，夜里如此安静，这是“听觉”。光是以上短短几行字，就对“视觉”“触觉”与“听觉”三种感官做了描述，让人留下鲜明的印象。

文案天后李欣频去了一趟希腊，回来的时候写了一本书《希腊，一个把全世界蓝色都用光的地方》。如果她写的是“希腊很蓝”，尽管这样的描述符合我们对希腊的印象，但感觉比较平淡，难以挑动起人的情绪。而“一个把全世界蓝色都用光的地方”，使人脑海中很容易浮现出“一位画家把所有蓝色颜料倒进希腊”的画面。

她提醒我们，如果你要让笔下的文字生动，必须自己先看到画面，也就是对视觉进行描绘。而我认为除了视觉之外，还要尽量去感受其他的感官经验，以此丰富你的文字内容。

五感写作

实际进到五感写作的部分，为了好理解，以下分别用“视、听、触、味、嗅”举例：

视：选用没有农药的糯米、深坑黑猪肉、整颗蛋黄、整朵香菇、整颗栗子，竟然还有干贝！这……不是五星级饭店包的粽子才有的内馅吗？（湖南粽 | 巫婆的魔法厨房 / 跟着巫婆去旅行）

通过具体描述，例如黑猪肉、蛋黄、香菇、栗子、干贝等，让你想象剥开粽子可以看到的内馅。

听：戴上耳机，世界与我无关。（BOSE 耳机）

感受到这个耳机的强大。当你听音乐或 Podcast 时，因为耳机的音质好，隔音也好，戴上耳机，就能让你沉浸在声音的世界，从此与世界无关。

触：一份 650 克，是很大的分量，但在年夜饭的桌上，

一会儿盘子就空了。原来这份醉鸡选用“去骨特大温体土鸡腿”，鸡肉有弹性，不会一夹就散，难怪家人如此喜欢。（巨斧绍兴冻鸡腿 | 醉珍品）

通过“弹性”“不会一夹就散”的触感描写，让你感受鸡肉的 Q 弹。

味：口感上，我觉得吃起来比“北部粽”软一点，但又比“南部粽”硬一些；口味上，我觉得和平常吃的粽子相比，较为清淡，你可以什么佐料都不加，体会清淡粽香的奢华感，也可以淋上酱油膏或者甜辣酱，甚至撒上花生粉，享受刺激味蕾的亲切感！（湖南粽 | 巫婆的魔法厨房 / 跟着巫婆去旅行）

通过南北粽口味浓淡的对比，让顾客想象粽子的滋味。加入“酱油膏”“甜辣酱”“花生粉”等佐料，丰富味觉感受。

嗅：独特的熏苔调，传递刚柔并济、果断与神秘并存的优雅气息。（万宝龙传奇经典淡香水）

除了用“熏苔调”模拟香水的香气之外，还加了“个性”描述。

※ 再看看其他范例

视觉：

- 黑色利落剪裁，高贵时尚。
- 白感交集的春天，白无禁忌。（诚品）
- 独家隐形曲线，完美调色超服贴。（优若美）

听觉：

- 响我， 想我。（台湾大哥大第三届 Myfone 行动创作奖）
- 让你随时随地都能轻松听上一整天的音乐。（AirPods）
- 一辆重机在你眼前呼啸而过，马达声从左耳冲到右耳。

触觉：

- 车体再进化，唤醒驾驭快感。
- 如洗牙般洁净光滑感受。（欧乐 B 电动牙刷）

味觉：

- 日本芝麻风味蘸酱。
- 这就是正港的台湾味。
- 爆浆芝麻球，吃一口就上瘾。

嗅觉：

- 把海梨的浓郁柑橘香气锁进海梨酥内。（姨婆吉圃园）
- 阿尔卑斯山的清新空气混合着旷野的青草香气。
- 紫罗兰闻起来，仿佛是曾经泡过柠檬和天鹅绒再经烧灼的方糖。（感官之旅）

五感应用

每个人对于五感的重视程度与反应程度不同，有的人对于视觉特别重视，特别喜欢画面感的描述；有的人对于触觉特别重视，特别关注产品质地的描绘。所以你要根据受众的特性去调整文字在五感描绘上的篇幅，如果不能确定，那就尽量把五感都写进去。

产品属性也会牵涉你在文字上要着重于哪一种感官描绘，需以哪种感官判断商品优劣，就要着重于哪种感官。

如果是食物类，例如“红烧狮子头”，首先要强调味觉，其次是嗅觉，如果不能让顾客觉得好吃，以及感受到食物烹煮的香气，顾客就不可能会购买。

如果是寝具类，例如“记忆床垫”，在文字上就要强调触觉，其他都是其次，顾客躺在这张床垫上，如果不能明显感受到舒适服贴、全身放松，那顾客就不会购买。

如果是香氛类，例如“线香”，很明显，要强调嗅觉，否则即使外观设计再好，没有仔细描述点燃的香味，顾客也不会买。

虽然前面提到五感要尽量描绘，但若你的文字篇幅有限，就专注于产品属性所对应的感官描绘，其余的都省略吧！

※ 再看看其他范例

早午餐是你了

经过大家的“大力推荐”，主餐选定“阜杭豆浆”的饭团，饮料搭配统一低糖高纤豆浆，副餐选择一日野菜——农夫十蔬佐西泽色拉酱。

总计 120 元，我觉得对我而言，是有省到的，因为昨天叫熊猫外卖的肯德基套餐，花了 189 元，而且相较之下也吃得比较健康。既然买了“阜杭豆浆”的饭团，就来说说我吃起来的感觉吧！

先说结论：我觉得是好吃的！

首先，米粒软嫩，很好入口，虽然和传统饭团略有嚼劲的口感不同，但软软的、很好咬，一下子就吞入肚内，也不会因喉干而呛到。搭配细致的肉松，散发着猪肉的香气。油条切成细细长条，不让酥脆影响了整体的口感，更让油腻综合在米饭之中。哇！竟然还添加了玉子烧（蛋）！蛋香在饭团中飘散开来，这饭团让我一口接着一口，停不下来，直到袋子空了，我还贪心地看看有没有掉在袋内的食物碎渣。

刚刚吃得太快，好像连呼吸都嫌奢侈，抿嘴舔唇还能感受到饭团的余味。在朴实的滋味中，我还有点不满足，因为好吃，吃不够呀！

如果有让这个饭团价值打折的原因，我想大概就是“价格偏高”——45 元，还有“分量适中”（也不会太少）。但想到 24 小时都能在 7-11 买到，还有什么好计较的呢？

这个时代，感官描绘已经是文字力的基本功了，如果缺乏五感写作的能力，赶快开始练习，现在还不晚。

Chapter 14

情绪：强化文字的情绪链接，让顾客更有感觉！

“有些内容像烟火，虽然光彩夺目，但即使再美的烟火，每天看也会腻。有些内容像白开水，你不见得会想起它，但渴了一定需要它。而内容黑客创办人 Vista 老师教你的写作方法就属于后者，让你可以每天持续写、快速写，写出目标受众需要的那杯水。”

这段文字是我在描写 Vista 老师教你的写作方式，你看完后有什么感觉呢？如果你对写作有点兴趣，是不是觉得蛮有趣的？简单而言，这个方法就是以受众大脑内的经验链接文字，让内容更好懂，也更能联结到内心的感受。

※ 再看看其他范例

- 打造超越女神的形象。

- 一生一定要喝一次的威士忌特辑。
- 恋爱般的感觉，酸甜藏在第一口的瞬间。
- 一颗海梨树的幸福起点。（姨婆吉圃园）
- 唤醒你心底的故事魂。（走电人电影文化）
- 谢谢你，让生命多了点甘甜。（原萃）
- 别人的是房，自己的才是家。（神采飞扬）
- 爸爸脸上的大洞，是孩子心中的痛。（阳光基金会）
- 让爱早疗不迟到，守护慢飞成长每一步。（台湾视障协会）
- 大火烧毁我的容貌，烧不毁我重生的勇气。（阳光基金会）

接下来和你分享强化“情绪联结”的三个方法：广度联结、深度联结与多元联结。

第一种　广度联结：先描述 + 再比喻

关于“事情”的描述并不困难，但怎么写才更有吸引力？最简单的方法就是先描述，再通过“比喻”联结受众的生活经验，让文字看起来更有趣、更好懂。你可以用以下公式：

广度联结 = 先描述 + 再比喻

这个公式最有趣的地方是要怎么连接“描述”和“比喻”。你并不需要太多的文案写作，只要在“描述”与“比喻”之间加上“就像”两个字，前后的逻辑就顺了！范例如下：

先描述

课程中传授的万用框架，真的光照抄就有感，练习替换之后，根本觉得我可以去应征文字小编啦！

再比喻

这种感觉就像，尾牙已经中了公司头奖，最后又中了老板的加码，惊喜连连。

写下这篇的是文字沟通力的学员路海柔，她本身是活动主持人，经常接公司尾牙活动，因此她用了自身经验，还有大家在公司吃尾牙的情境，去链接文字沟通力课程带给她的惊喜，让这篇心得变得更吸引人。

※ 再看看其他范例

- 没有肉的火锅，犹如，没有附上巧克力的告白信。没有肉的火锅，犹如，没有好好说再见的一场恋爱。（全联福利社）
- 女生习惯去专柜挑选保养品，那听完 Elton 老师的课，就好像买走的是最浓缩、分子最细的精华液（而且还是在周年庆时购入的），每天都信心满满地擦上一点，期待用后有效改变。（文字力系列学员）
- OH 卡就像是你的朋友，有时候你不用说什么，看着它，就明白了一切。它也像是最懂你心的人，看着一张张的图与字，你的心里就有了答案。它就像是通往内心的卡片阅读机，带你一起看见自己与他人的内在世界。（探索潜意识——专业 OH 卡咨询师培训 | 史庭玮老师）

第二种　深度联结：先抽象 + 再具体

除了描写事情之外，描写感受的难度又更高了一点，因为感受比事情更抽象，如果光描写，受众比较难体会，因此可以用具体的事物去比喻，让感受更深入。你可以用以下公式：

深度联结 = 先抽象 + 再具体

“没有一段关系重要到让你失去自己。如果只有一个人在努力，关系就会像失衡的跷跷板，一方觉得自己的情绪与观点最重要，但却看不见你的。”（吸了水的海绵 | 史庭玮老师）

这段文字的具体化就是“把关系比喻成失衡的跷跷板”。当一个人富有同理心时，才能感受另一个人的感受，才能写出有温度的文字，而我感受到了庭玮老师的柔软与温暖。

※ 再看看其他范例

- 如果我教的是播种，让文字留在读者心中慢慢发芽，欧阳教的就是灌溉，把文字栽成丰盛收割的一亩田。深化自己的文字力，播种很重要，灌溉也少不了。

第三种　多元联结：先概念＋再列举

有时候描述完事情或感受，能具体联结的不只有一个状态，这时候就可以用列举方式，加强联结的广度或者深度，你可以用以下公式：

多元联结＝先概念＋再列举

范例一

纯素营养成分：植物性蛋白质、铁质、维生素 B 群、绿藻萃取物……健康升级，纯素无负担！

宣称产品是纯素营养成分，并实际列举有哪些，就是多元联结，即先概念再列举的写法。

范例二

在网络上，你希望别人看完你的文字后就能采取行动吗？例如：购买你的商品、服务或课程，或者响应你的理念，改变原本的行为。（文字行动力）

“购买你的商品、服务或课程”“响应你理念”“改变原本的行为”都是对于“看完文字采取行动”的列举。

※ 再看看其他范例

你是不是处在生活没有动力、不积极的状态……

- 每天都很忙，却忙得不知所措、毫无热忱，不知为何而战。
- 总是认为“我的人生不该只有这样，应该过得更美好”。
- 常想要取得更多机会、财富、收获，却找不到动力在哪里。
- 重要的工作、报告总是拖到最后一刻才动手，每次都熬夜痛苦地赶工，并且发誓下次再也不敢了。
- 事情做到一半常常不自觉分心，等到发现时已经因网络、手机、影集、闲聊、游戏……消耗掉时间。

- 总要所有条件都最完美，才愿意开始。
- 充满希望开始这一天，打混虚耗一整天。
- 总在一事无成后跟自己说："没关系，还有明天。"

（启动积极力｜寻意老师）

最后和你分享一句话："**如果你的脑袋里没有城堡，手上有再多积木都没有用。**"脑袋里的城堡就是你的生活经验，还有对于文字的想象力，而积木则是这些文字公式。通过情感链接，增加文字的诱因，你需要扩充生活经验，增加接触的信息内容，唯有如此，文字才能变成你魔法棒，为你建造想象中的城堡。

Chapter 15

深化：用全脑要求！邀请顾客进入你的世界！

全脑要求

所谓“全脑要求”就是利用受众内在的“想法、直觉、感官、情感”，邀请他进入你的世界，并且在文字中制造一些“不确定性”，让受众自行得出结论。我先定义“全脑要求”中受众的内在支柱：“想法、直觉、感官、情感”。

（1）**想法**：思考在心灵上的产物，包括对事物的看法，和解决问题的办法。

（2）**直觉**：指不受逻辑约束，直接领悟事物本质的一种思维形式。

（3）**感官**：视、听、触、味、嗅（五感），留下印象、刺激情绪。

（4）**情感**：情绪是反应，但情感是依恋，情感是人们在自己的需要有否得到满足时的一种内心感受。

全脑公式

了解全脑要求，知道在文字中置入四大内在支柱后，要怎么通过在文字中制造一些“不确定性”，让受众自行得出结论。这很抽象，但我已经帮你设计了一个公式，如下：

全脑公式＝留白＋悬念＋自我暗示

我第一次举办“高效读书会”时，也是我第一次举办读书会，首场70人，没有投放广告，只在社群平台上贴文，两周内额满。我以其中一篇在脸书上的帖文作为范例，你可以试着体会看看。如下：

如果你希望让自己的学习更有效益，只能说，世界变化得很快，不要用古老的学习方式去应付年轻的世界趋势！

我即将在9/16（日）这一天下午，和你分享我如何通过“阅读”学习形成自己的知识体系，兑现成自身能力。

这场活动叫作“高效读书会”，但如果只读 1 本书，那就不叫“高效读书会”了。所以我将在 3 小时内，带你吸收 3 ~ 5 本书的重点精华，协助你提升学习、生活与工作的绩效，找回人生发球权！除了分享知识，还给你使用说明书。

我这辈子还没开过免费的课程，第一次开公开班，一天的课程就是 5000 元起，最快开放报名三天半额满。去年起连办十几场的“文字销售力”，是我第一个收费低于千元的讲座。

而这一次的读书会，因为某些个人心愿（活动内文有说明），在形式上，你可以当作是场“免费”的讲座。

现在，对于这场“高效读书会”，如果你有兴趣，先帮自己报名，再邀请朋友一起参与。如果你愿意，请帮我分享这个活动，让更多有缘的人能参与！

相信在与你同行的学习路上，我们不只能挣脱焦虑，也能让世界变得更圆满！

当看完这篇文章，你有什么感觉呢？套句《天能》导演诺兰的话："不要去理解，试着感受它。"关于这篇文章的解析，我在"学到"开设的"钞级文字力"在线课程中会有进一步的说明。

※ 再看看其他范例

"OH 卡"究竟是什么呢？在"OH 卡初阶班"那一天，由于庭玮老师的专业解说、耐心引导，在让人安心舒适的氛围下，每个人都能非常投入地学习。

因为触碰到内在小孩，我不时听到喜悦的笑声，也看见了悲伤的泪痕。最后在庭玮老师的引导下，每个人在笑泪之中，都让所有感觉化成了感动。连身为旁观者的我都感受丰沛，一度鼻酸，眼眶泛泪……

这让我体会到，原来"OH 卡"什么也不是，因为每张牌卡都没有所谓正确的"定义"，但借着"OH 卡"的引导，可以探索你的潜意识，听见内在的声音，遇见真实的自己！

所以，即使"OH 卡"不是占卜卡，也能让你对未来更加笃定；即使"OH 卡"不是桌游卡，也能让你的学习更有趣味。

虽然“OH 卡初阶班”的课程名称只是初阶，但你探索到的内在却很深层。除此之外，“OH 卡”还有更广泛的应用，所以“OH 卡进阶班”课程——“专业 OH 卡咨询师培训 / 深度自我探索”，将从自我觉察开始，到与他人深度对话，让“OH 卡”可适用于任何状态与场合，陪伴自己与他人有更深入的惊喜与发现。

（你所不知道的都在心里 | Elton的字游人生）

Part 5

如果他对你没有信心，你写什么都没用！

想卖更多的商品赚更多的钱，就要让受众对你感到有信心。那要怎么做呢？

之前我在 YouTube 上看了一部老高的影片，他在谈“钱”是什么。他认为“钱的本质是信用”，如果你的信用好，就可以向银行贷比较大的金额，跟朋友借钱也能借到比较多，所以信用可以换钱。而你选择购买哪个商品，跟这个商品在你心中累积的“信用”有关。这就能解释“为什么全世界最赚钱的手机是 iPhone”，因为 iPhone 在全世界拥有最高的“信用”，也就是品牌资产。

老高说，当我们知道钱的本质是信用时，“想赚钱就要先赚信用”。所以企业通过网红直播、明星带货，就是借用他们的信用刺激消费。请专家背书、名人代言，都是借用他们的信用，以累积自己商品的信用。当商品的信用在受众心中累积足够，购买概率就会提高。反之，如果信用不足，就算商品再好，也可能让人却步。

所以，我们要持续累积信用才能提升受众的信心。就像有时候我会分享一些美食、电影、书籍或课程，这些文字都有一定影响力。有人看我分享美食就列入待吃清单，有人看我评论电影就马上跑去看，有人看我推荐书籍就去博客下单，有人看我写课程就立刻报名。因为我累积了信用，所以大家对我的推荐有信心。

这一章提出的九个方法，前面八个都是累积信用，最后一个是变卖信用（你看完就知道为什么了），这些方法都能提升受众的信心。你想卖更多，想赚更多吗？赶快读完这一章吧！

Chapter 16

感性：从心出发，建立起你与他之间的联结！

联结彼此最好的桥梁——说说你的故事、分享别人的看法，以及运用代言效应，都是累积信用的方法，可以增添受众信心。

初心故事

单纯叫卖只能做一次生意，因为你没有办法在顾客的心里扎根。这个时代已经不缺好产品，缺的是做产品的初心。人们更愿意相信你的起心动念，而不只是单纯买一个产品，课程也是一样，服务更是如此。不论你卖什么，你都要想想为什么你想卖这个商品、为什么你想教这门课程、为什么你想提供这个服务、从你内心深处挖掘你的初心故事。

如果你从来没想过这个问题，现在你可以好好想想看，你只是为了赚钱吗？或者还有其他使命能点燃你的热情？

我认为最棒的初心故事写法，就是套用赛门·西奈克的“黄金圈理论”。在销售前，先问“为什么”。他举了两个例子，都是卖计算机。第一个例子是这样的："我们很会做计算机，我们的计算机有最美的设计，不但使用简单，也容易上手，想要买一台吗？”这是大多数企业采用的沟通模式。第二个例子则是这样的："我们所做的每一件事情，都是为了挑战、改变现况，因为我们相信不同凡响的力量。而我们挑战现况的方法，就是让我们的产品拥有最美的设计，而且简单、好用。刚好，我们做的就是最棒的计算机。”这是类似苹果使用的沟通模式。

第二种模式与第一种模式相比，是不是听起来感觉更加舒服？其实两者最大的差别在于：第一种模式，单刀直入，直接说他们在卖什么；第二种模式，是先从第一圈的“为什么”出发，再谈第二圈的“如何做”，最后才说“做什么”。用这样三层同心圆的顺序，是因为只有“为什么”才能唤起深层情感，召唤共同理念。

受到“黄金圈理论”的启发，我在推广课程前也会想想为什么我要做这件事情。举一个例子，我有一堂课程叫作“开课获利方程式”，这是一门教人如何开公开班、如何获利的初阶课程。

关于这堂课的黄金圈，我的“为什么”是“我认为开课要懂商业知识，否则课程可能会卖不出去。课程也要带来正向价值，因为教育培训对学员有影响力，所以是有责任的。只有同时做到这两点，才能让老师获利、学生受益”。

我的“如何做”是“让成功的开课经验能延续下去，让有内涵、专业、有热血的人，把专业上的观念、知识或技术传授给更多人知道”。

我的“做什么”是“我将分享我的成功经验，开设一堂‘开课获利方程式’课程”。

接着我才去写我的营销文，并把我的初心故事融合在里面，内容简化后大致如下：

我知道很多朋友，明明有内涵、专业，也有热血，想通过开课，把专业上的观念、知识或技术传授给更多人知道，却不知道该怎么做到！招生学员小猫两三只，收入百元钞票两三张……其实，不是你不专业，而是你不懂商业。

但即使你有心想开课，我也知道这件事并不容易，过去的我，也经历过挫折、缴了很多学费……于心不忍之下，我决定开一堂课，把我自己开课的获利模式，还有我上的很多的课程、观察到的开课秘诀通通分享出来。

“开课获利方程式”这堂课等着你，帮你把好的观念、知识与技术传达出去，也让你的专业分享获得应有的报酬与尊重，同时开启并拓展你的“斜杠”版图。

后来这堂课获得很不错的反响，有很多讲师朋友，或者想要开课的人，都组团报名了这堂课。其中有位克里斯老师，我对他的印象很深刻：他上课时的认真神情，让你觉得不把这辈子最好的东西倒出来，都对不起他！他不只上课认真，下了课更认真，因为他上完课总是很快写心得，确认这门课的精髓他都掌握了。

记得克里斯曾用我课堂上教的一个方法在脸书上发了一篇帖文，结果那篇帖文竟然创造了他在脸书上有史以来最高的赞数！当多数人还停留在“知道”时，他并不自满，也不质疑，而是先尝试。结果，他做到了。

那次克里斯参与了进阶课程后，在 2019 年自己办了公开班“简报吸睛术”，2020 年加入了“微糖趣冰”。

回到前面分享的范例，当你看完后可能有个疑问：咦？黄金圈在哪啊？好像没有完完全全地符合黄金圈“为什么→做什么→如何做”的流程。刚好用这个范例说明一下，“黄金圈理论”帮助我们思考内在使命、初心故事，但转化成文字时，就可以发挥自己的创意，把黄金圈融合在文字中，会让你的故事更有感召力喔！

※ 再看看其他范例

- 2015 年 4 月，渴望跳脱短期服务的我们，集结在一起，随后一场地震带我们深入尼泊尔的震央村落。直到今天，我们持续以“教育种植计划”为 900 位孩子改善教育环境。（远山呼唤）
- 我是艾咪，不服输的小只女孩，为了理想，30y+ 勇敢裸辞踏入自由职业。擅于将长文变图卡帮你把书读薄；拥有温暖的笔触让文字有温度；运用牌卡陪

你探索内心。漫漫人生让我陪你慢慢过。（艾咪说）

- 一个热衷于“探索幸福”的女孩，为了更了解快乐、幸福感的来源，不断阅读该领域代表著作，并且乐于实践。经由超过 500 多天的实际练习，体验了确实能主宰幸福感的每日习惯。想邀请更多人一起缔造自己的幸福，因而设计了这本“幸福观察日志”。（幸福观察日志）
- 很多人对幼儿园的第一印象是——排排坐吃果果，有朋友说幼教老师就是教育界的爽缺，但很少有人知道，幼儿园其实是教育界的海军陆战队啊！在幼儿园的日子就像每天在“枪林弹雨”中求“生存”。（教育界的海军陆战队）
- 乡下洗衣老职人＋客人遗弃没付钱的衣服。

  孙子不忍心看阿公阿嬷每天无聊发呆。

  衣服就算放了 10 年，还是可以很时尚。

  万吉秀娥就算 84 岁，还是可以 as young。

  温馨提醒｜洗衣服请记得拿｜。（万秀的洗衣店｜WANT SHOW as young）

- 记得前几年，我刚创业又怀孕时，每件事情都变得很重要，焦头烂额的人生让我顿时失去了重心，也失去了过往的神采自信……我甚至忘记上次走进SPA馆的日子，忘记我上次挑选漂亮衣服的那天，忘记我打扮好看着镜中的自己微笑的瞬间。

某天我站在人来人往的街道中，看见一位女人长发飞扬，穿着合身套装，踩着轻盈高跟鞋，浑身散发自信的魅力。反观自己的黯淡，我是不是该好好正视自己？如果我有好面容，先生是否会变得更温柔？如果我有好状态，生活是否变得更加值得期待？如果我有好心态，工作是否变得更有干劲？

这几个问题，很快就有了答案。

Vivi是护理出身，因为喜欢造型而创业。Vivi希望彩妆不单是技术层面的事，还能运用彩妆与心理学，与生活做联结。通过彩妆造型认识自己、生命和建立柔韧的身心，让每个人随手运用正确彩妆造型观念，让女人在工作、事业、生活、家庭、亲子、婚姻生活中努力，找到最好的平衡，展现最棒的自己。

女人真正的美，不是年轻时的张扬恣意，而是在用力生活过后，沉淀出的温柔与淡然。要美丽且勇敢，期许自己做一个温柔有主见的女人，有梦想也请温柔地坚持，用初心去定义自己的人生。（Vivi Chen Stylist / 新娘秘书 / 整体造型）

心得见证

心得见证就是当顾客使用过你的产品、上过你的课程、体验过你的服务之后，写下的正面感想，有公开推荐的效果。顾客的心得见证可以让其他潜在顾客有共鸣、增加信任感。最适合放心得见证的地方就是在销售页上。挑选心得见证有八个原则：

真实的感想

可以美化，但不要造假。因为真实才能打动人。造假就是欺骗，就算帮助了销售，也十分不道德。所以心得可以美化，但千万不要造假。

内容要有共鸣

内容要能让潜在受众感到共鸣，见证人的身份、工作和个性最好和潜在顾客相似。例如：如果潜在顾客是上班族，那么见证人如果也是上班族，会比产品工程师更好。换句话说，如果潜在顾客的职业有很大不同，最好各种职业的见证人都有。

真实的个人信息

最好能提供身份与真实姓名，如果能提供照片更好，真实姓名能增加可信度。如果没有办法显示全名，至少姓氏加上性别，例如蔡小姐、张先生，或者姓氏加上职称，例如王经理、陈主任。

挑选不同的感想

不要只挑选一种类型的写法，要挑选多样化的心得。因为心得见证是给其他潜在顾客看的，所以要挑选不同的内容、不同的口吻、不同的观点，这样也能刺激阅读，让人想一直读下去。

维持平衡感

关于浮夸的心得，例如“没上过这堂课，你根本糟蹋了人生！”，你可以挑选，但不要挑太多。大家都喜欢自己或自己的东西被称赞，所以常常会发生一种状况，顾客写得越浮夸，你读得越开心。这种感觉能理解，但提醒你千万不要忘记，心得见证不是只给你一个人看的，是要给潜在顾客看的。即使浮夸的心得会有人埋单，但也不要全部挑选浮夸的心得，维持挑选心得的平衡感是很重要的。

撷取重点就够

顾客给你的心得不需要全部都放上去，挑选重要的段落就可以。顾客不是专业文案写手，也不是畅销作家，他写的心得见证不一定很完美。有时候逻辑不够严谨，有时候语句不够顺畅，有时候重点只有一两句话，所以你不必照单全收，挑选有用的部分就可以。如果你想要忠于原文，可以用截图的方式，再把重点部分画线，就既可以真实呈现又可以突出重点。

设计一个好标题

如果引用较长的篇幅，请设计一个标题，浓缩重点，或者直接挑选最有感的一句话当作标题，不然重点不突出，阅读时很可能就快速滑过去了。

比较使用前后差异

可以写使用前与使用后的差异，例如："上这堂课之前，写文案都被老板骂，上完这堂课后，老板还在会议上表扬！"再举个醉珍品的例子："我家在市场卖狮子头，本来只想在网络上随便卖卖，上完课我开始找中央厨房。"不过，在撰写效果时，请留意相关法规是否有特殊限制，特别是美妆、保健产品。

以下列举"文字影响力"课程的部分学员心得标题：

- 是一门很过瘾的好课，幸好，早学早知道！（A+NLP 创始人／NLP 训练师／高级催眠师寻意老师）
- 让文字更有逻辑与深度。（心起点创办人／关系疗愈师史庭玮 Mia 老师）

- Elton 不教文案，他教的是沟通。（轻小说创作者 Maro）
- 牛人自带风水，文字自带力量。（知识图卡设计师艾咪）
- 没有上过课，只能模仿 Elton 的形，永远学不到 Elton 的心。（整复专家林旭尧师傅）

※ 再看看其他范例

- 因为用心，所以留下许多好评。
- 等了好久，期待已久的商品终于进货了。
- 用心去做，就会有回馈，感谢众多网友好评！（橙姑娘 | 会说话的梅精）
- 我错了！本来只想尝尝味道，一口咬下就是停不下来的节奏。
- 我拿起小提琴，他们还在笑；当我开始演奏，他们的下巴都掉下来……
- 终于上到这门课，期待很久，效果超乎预期。点子大爆发是因为老师教得好，同学学习氛围好。（学员小玉 | 文字行动力）

代言效应

不久前我看到谢文宪宪哥竟然代言一款保健食品。虽然之前就知道这个品牌，也看过各式各样的代言人，但就是没有冲动购买的感觉。这次看到宪哥出现在脸书广告上，让我突然好想购买。是因为文案写得好吗？还是照片拍得好？或是产品力够好？你觉得答案是什么呢？

以上皆非，真正的答案是，因为这款保健食品是由宪哥代言的。宪哥是一位铁人，体能非常好，而且又是年收千万的职业讲师，是业界标杆，为自己创造了全世界最好的工作。身为讲师的我，对于宪哥的一切都非常佩服，比如他演讲渲染力十足，一年写一本书。

而且不只是佩服，我更是默默地希望自己也能跟宪哥一样。所以当宪哥代言了这款保健食品，就让我内心深处的小宇宙爆炸，感觉好像吃了这款保健食品，就能变成像宪哥一样的铁人，做到和宪哥一样的成就！

之前看过其他代言的明星，不是不好，我也都很喜欢他们，但对于他们的生活共鸣少一些，对于他们的成就憧憬也少一些。可是看到宪哥，直接让我的欲望燃到最高点。

这就是所谓的“代言效应”，找一些让顾客有身份联想的“明星、网红、模特儿”作为品牌代言人，可以加深其印象，因为对于代言人生活的憧憬，或是呈现的美好意象，更能激发购买欲望。

有时候就算你不认识图片上的人，光是照片呈现的氛围，就会让你想购买。例如：站在跑车旁的人永远是美女，因为能让想开跑车的人联想到载美女兜风。

所以，如果能找对“明星、网红、模特儿”，就能激发购买冲动。

就算你没办法找代言人，也没有漂亮的模特儿，但如果你能在文字中描绘出一个人正过着潜在顾客想要的生活，也能激发他购买的冲动。如果是商品，也可以将创办人当成代言模板，让顾客想象购买了商品，就可能和创办人一样过着有梦想生活。如果是课程，也可以将讲师当成代言模板，让学员联想通过学习了这门课程，可能和讲师一样过着富足的生活。

不过你可能会想，宪哥比较像是名人，而不是“明星、网红、模特儿”吧！宪哥确实是名人，但自媒体时代，他也像网红、明星一样，经常曝光。不过，讲到名人，下一节就要谈谈“引用权威”。

Chapter 17

理性：凡事说“真”的，不要搞一些操弄的小伎俩！

通过理性说服受众，包括：引用权威、提出数据、示范效果。

引用权威

1963 年，耶鲁大学心理学家米尔格伦有一项著名的电击实验，实验内容是：找来一名权威人士，命令受试者以电击惩罚另一个房间里的人。米格尔在实验前，找了 39 位精神科医师预测，他们的预测结果是，1000 人中最多只会有一个执行命令，相信人类的良善。但没想到，竟然有高达 63%的人不顾另一个房间中受害者的惨叫声，从最轻的电击，一路按到 450 伏特的最强电击。这证明人的行为会受到权威人士的重大影响。

好在那另一群房间的人都是演员，他们并没有真的受到伤害，不然可能大部分的人都将因此丧命。

根据国外的研究，演员光是穿着“白袍”演出医师形象，就会影响顾客的消费行为。因此，想提升顾客的信任感，“引用权威”可说是一种快捷方式。

权威有五大类型：**名人、专家、意见领袖、新闻媒体、公正单位**。以下分别说明：

名人

光是有名气这件事情，就足以让人相信他说的话，即便他不是专家。所以借用名人光环的好处是，可以借此扩大潜在受众。例如：刘轩虽然只是心理学专家，但他过去募资一款蓝光眼镜，借用本身名气，在台湾募资金额破千万元。

专家

如果是该领域的专家，只要形象良好，就能提升信任感，在该领域可以影响许多人，所以通常专家也就是该领域的意见领袖。例如：在企业讲师界，王永福老师是意见领袖之一。在游戏教学界，杨田林老师是意见领袖之一，而且他是老师的老师，极具分量。

 # 意见领袖

所谓的意见领袖就是在该群体中受到重视，发言具有一定分量，能影响很多人的想法、决策和行动。一个影响力大的意见领袖，不管卖什么都能卖翻天，因为他会有一群追随的铁粉。

 # 新闻媒体

即使现在越来越没人看电视，但如果某品牌曾有新闻报道或者曾上过某电视节目，还是能够提升人的信任感，特别是针对年龄较大的受众。即使素材看起来就是植入性营销，还是有一定威力，至少受众可能会觉得，这么有钱可以上这些节目，让新闻来报道，应该财力雄厚，不会是太小的品牌。

公正单位

最后是第三方公正单位。第一种情况，你的商品有检测单位的背书，如你的食品有 Halal 清真认证。第二种情况，你有专业认证机构颁发的证书，如我有美国 AL 加速式学习的认证。第三种情况，参加比赛得到的奖项，如我的一位学员 Sunny 王敏华老师，在 2019 年时，她靠优异的糖霜艺术作品夺得 Cake International Awards 2019 二金一铜的殊荣，这个奖项等同于英国蛋糕界的奥斯卡。当时她还在脸书上同步分享比赛进度，让我们一起见证荣耀。同年，Sunny 在 Yotta 以糖艺为主题募资在线课程，真是恭喜她。

※ 再看看其他范例

- 德制经典百年工艺。（Skoda）
- 荣获德国 iF 工业设计大奖。
- ECOCERT 欧盟有机认证——天然化妆品有机认证。
- 国际日用香料香精协会——天然清洁产品认证。
- 产品均通过国家级 SGS 检验合格，吃得安全，我们帮您做第一线把关。（橙姑娘）

- 世界名人认证的顶级健身俱乐部。
- 普利策奖评审亲传的写作课。（杰克·哈特 | 《说故事的技艺》）
- FIRE 代表人物杨应超审定推荐。（葛兰·萨巴帝尔 | 财务自由）
- 美国人才发展协会 ATD 行动学习证书课程大中华区唯一认证讲师。（瓦利学习）
- 华佗五禽戏养生法。（李坤城医师）
- 《当时小明月》：林荣三散文奖得主林佳桦第一本散文集。（有鹿）
- 2013 年 SUPER 教师全国首奖 / 2014 年亲子天下百大创意教师 / 2017 年未来教育台湾 100 获奖。（曾明腾老师）

提出数据

“我们投入研发治疗秃头产品的资金，比研究防治疟疾的还多。”比尔·盖茨在一场 TED 的演讲中如是说，展示对抗疟疾缺乏资金的程度。展示数据会有效，是因为有实践证明，而且人都有从众心理，从众代表着降低做错决定的风险。

数据可分成五种：排名数、推荐量、用户数、销售额、百分比。以下分别说明：

排名数

宣告排名顺序，排名越靠前越好，如“爆款热销第一名”就意味着：这么多人抢购，应该很不错！

推荐量

推荐者的数量，只要不是假账号，当然越多越好，如“百大部落客推荐”就意味着：有一百个部落客都推荐这款保养品，看起来应该值得信赖吧！

用户数

曾参与过的用户数量，数量越多信任感越深，如“心起点创办人史庭玮老师咨询数超过 10000 人次”就意味着：

有这么多人都曾经向史庭玮老师咨询，找她应该就对了！

销售额

“开店一个月就有近 3000 人喝过的奶茶”意味着：这么多人都喝过，好像不错，下次经过买一杯试试看。或者“一年热销 500 万套”也很好，所以如果你的累积销售额很高，不妨展示出来，因为这是一个强而有力的数据。

百分比

百分比要看数字代表什么意思。如果是满意度当然是越高越好，当满意度为 99.9%时，就会让人觉得值得信赖，因为大家都很满意，剩下 0.1%不满意的应该是奥客（很难伺候的客户）；如果是退货率的话，当然越低越好，当退货率只有 1%时，会让人觉得其他顾客都做对了决定，因此增加购买欲望。

有时候只提供冰冷冷的数据，会比较没有感觉，这时候就可以用“数字＋模拟”。前面一句用“具体数字、强化卖点”,后面一句用“熟悉事物、模拟说明”,让文字更好理解，更有说服力。

例如：“只有 250 克，那有多重呢？原来等于一颗苹果的重量。”“一天不到 50 元，这样算少吗？原来每天只要一杯手摇饮料的零钱。”“这本书热销百万册,这样算卖很好吗？原来几乎等于全台湾会买书的人都买了一本。”所以只要善用“数字＋模拟”，就能让数据因为更好理解，而被加深了信任感。

※ 再看看其他范例

- 热卖！单日销量突破千本！
- 第一领导品牌，回购率 ××%的 ×××！
- 耗时十年研发，专利孅窈配方。（橙姑娘 | 肽孅然）
- 《一分钟惊艳简报术》。（刘沧硕 | 布克文化）
- 24hrs 麦当劳现做亲送。（麦当劳）
- 超过 75 万字写作 & 作家经营教学 。（小说界的李洛克）
- 全在 100×60 厘米的桌子里，超省空间。（Patya 铁

打仔）

- 360 度翻转，恣意转换四种使用模式。（HP 皇爵翻转笔电）

示范效果

有一家植发业者找了一位网红代言，该网红本来发际线较高，所以从来不把额头露出来，但经过植发之后，他的发际线变低了，头发也变得更浓密，就算露额头也没什么大不了，照片中还有植发前和植发后的差别。这就是通过示范效果，增加顾客的信心。

示范分成**实际测试、教学内容、崭新观点**。以下分别说明：

实际测试

劳斯莱斯有一个新车广告，文案是这样写的："这辆新款劳斯莱斯时速达到 96 公里，车内最大的噪音来自电子钟。"时速近百公里，照理讲多少会听到一些噪音，例如车内的引擎声、车外的嘈杂声，但你坐在这辆车内，竟然只听得到电子钟的声音？真是非常令人惊讶。这句广告文案后来成为传世经典，而写下这句广告文案的人，就是美国广告大师奥格威。

实际测试就是直接把商品拿来测试，看看他的卖点是不是真的。例如：有机服装号称能防泼水，所以除了真的拿水泼做实验，还可以这样写——“通过防泼水最高等级测试，延后湿润”。或者，某款手机的卖点是防摔，除了直接把手机往地上狠狠摔之外，也可以这样写——“军用等级强度防摔”。实际测试通常以影片或图片为主、文字为辅，用来标记重点、强化卖点，如果商品的卖点无法直接测试，还可以通过物理、化学实验来辅助佐证。

教学内容

如果是课程或服务，可以展示教学内容，让受众体验你的课程价值。如果你要这么做，要么挑选课程内容中最精华的心法，要么挑选可以简单上手的技法，因为这么做才能让人对你的教学感兴趣，想报名或者直接购买你的课程。

另外，除非你的受众是初学者，否则不要写一些大家都知道的内容，因为这样等于让受众没有体验到课程内容的好。教学内容字数太多，怕受众看不下去，也可以用影片教学，让受众更容易吸收和理解。

就算不是课程、服务或者商品，如果能分享专业知识，也等于教育受众，让他们感受到你们的专业。例如：前面提到的植发业者会告诉受众，植发是取头的后枕部毛囊，移至秃发区，因为头的后枕部毛囊跟其他部分的毛囊是由不同的胚层发育出来的，所以不会受到雄性激素影响而掉发。这也是教学内容，能增加受众对你的信心。

※ 再看看其他范例

好的课程销售页＝“销售文案”的框架＋“品牌思维”的融入＋“情感联结”的投射。

用这样的方式撰写，就能让你的课程销售页更有威力，突破招生的瓶颈，减少心头的压力。

 # 崭新观点

除了教学内容，还提出另一个崭新观点，让受众有所启发，因此对你的商品、课程或服务感兴趣。例如：我有一个课程叫作“文字沟通力”，在课程介绍中，我提出一个崭新观点，就是我认为在过去长期大量使用文字的经验中，我领悟到“文案、写作、信息”原来不是三件事情，而是一件事情，也就是如何通过文字达成我们要的沟通目的。

这就是迥异于其他文案、写作类型课程的独特观点，因为受众有所启发，对于这堂课有了期待、信心，明白这堂课跟其他课程有所区别，所以提升了报名的意愿。通常相较于教学内容，崭新观点的字数比较少，更考验文字力。

※ 再看看其他范例

- 进化科技定义未来。（Audi）
- 美的蒸气洗：一台会自己洗的油烟机。
- 魅力动简报：动起来的简报更吸睛。（简报动画师曾国伦）
- 你需要的不是求生存，而是求生活。（故事青旅storyinthehostel）
- 99%的创作者都误会了！其实，你需要的不是写作力，而是文字行动力。（雪波爱分享）

Chapter 18

承诺：让顾客喜欢你、相信你，大声说出我愿意！

为什么女人会嫁给男人？因为承诺。为什么顾客会跟你买东西？也是因为承诺。承诺代表你的诚意，代表你对他的重视，还代表风险的转移。以下分别说明：

风险逆转

风险逆转就是转嫁顾客购买风险的承诺。所有人在付钱时，都会担心买到的不是自己想要的，做错了决定，感觉自己很笨，浪费了时机和金钱，因此做购买决策时，都承担着大小不一的风险，通常价格越高，顾客感觉承担的风险越高，做决策时也会想更多。

所以如果能提供某些实质性的保证，转嫁顾客的购买决策风险，就能提升顾客信心，同时也能提供多一个理由，让顾客合理化购买行为。例如："林医师的绝美 3D 齿雕，提供百分之百满意保证，一年之内，如果你不满意成果，我保证帮你做到满意为止，而且不再多收任何费用。"

以上其实不是虚拟范例，是我真实遇到的牙医师给出的承诺，当初我有一颗牙齿需要做 3D 齿雕，但费用并不便宜，他保证一年内有问题都帮我搞定。因为他的强大自信心，后来我没有找第二位医师，直接找他做了 3D 齿雕。

#风险逆转的五个方式

满意保证

保证当顾客购买后，不论任何理由，如果觉得不想要，都无条件退款，把顾客当初支付的金额全数返还，换句话说，扣除成本后，你的订单可能会因此赔钱。无条件保证很少用在一般的消费品上，因为成本太高，较常见于课程。

不过只建议用于实体课程，不建议用于在线课程，因为如果遇到"有心人士"，他看完学完，甚至想办法录下来之后，再申请退款，对于知识提供者是很大的伤害。而实体课程，至少他来到现场，亲自参与课程，有了互动之后，如果课程内容真的很好，他就不会要求退款，遇到“有心人士”的机会也比较少。

赠品保证

也就是当顾客购买后，觉得这不是他想要的，可以申请退货，你把钱退给顾客，但当初提供的所有赠品，他通通可以保留下来。如果你打算作赠品保证，建议提供虚拟的赠品比较好，如电子书、简报文件、在线课程，因为这些赠品相较之下成本较低，如果有人申请退货，你在赠品上支付的成本也不会那么高。所以，通常赠品保证会出现在在线课程中。

成效保证

保证能带来特定的成效，如果成效不如预期，则退费或者提供补偿方案。例如：亲爱的顾客，如果你按照我们的运动方法、饮食模式，三个月后体态没有任何改变，那我们也不敢收你的钱。

条件保证

在某些条件下，提供退费保证。例如：如果你上完第一天的课感到不满意，我把四天的报名费全部退还给你，不会扣餐费、讲义费、手续费等，并且将在三个工作日之内，把款项汇到你的指定账号。换句话说，你没有任何损失，除了浪费一天的时间。

终身保证

终身保证就是顾客终其一生都能享受同样的保证，如创建的随身碟享终身保固。

#风险逆转的十个重点

美国文案专家雷·艾德华认为，撰写风险逆转文案有十个重点，我在讲解时会加上个人意见与批注。

（1）用“无条件退款保证”作为段落开头，同时风险逆转方案应该是在网页上独立的区块，而不是轻描淡写地带过，确保能吸引注意力。

（2）在退费保证中强调购买商品带来的改变，让顾客想象未来的美好，而不是纠结做错决定的风险。

（3）在退费保证中重述商品的独特卖点，再次坚定顾客的信心。

（4）将退费保证包装成个人化的承诺，如果是商品，提供承诺的可以是创办人，如果是课程，提供承诺的最好是讲师，甚至可以用手写的字体，或者秀出亲笔签名，增加个人化的感觉。

（5）退费保证期限越长越好，如果把时间拉长，顾客就会没有时间上的压力。像我之前买在线课程，他提供 30 天满意保证，结果我一个月都没上去看，压根忘了这件事情。

（6）向顾客展示并承诺退费简单，不要让顾客觉得你的保证处处是陷阱，退费简单才能赢得信任，也能展现你的自信心。

（7）强调你会无条件退费，没有附加条件，关于这点，请自行斟酌。我个人也比较少承诺完全无条件退款，通常是有条件的。

（8）向顾客强调退款速度很快，不要让顾客觉得你收钱很快，退钱很慢，所以我的退款保证都是三个工作日内完成。

（9）疯狂加码保证内容，超越顾客期待，如退款后能保留赠品，或者是双倍退款。关于双倍退款，我曾经想采用，但为了避免有人用这个退款保证来赚钱，后来还是作罢。

（10）帮你的退费保证取个名字。美国广告文案传奇人物约瑟夫·舒格曼曾经用文字加上简单的照片就卖掉一台飞机。他曾帮一家名为“消费英雄”的公司推广会员服务，其一篇广告文案写道：“若您从未订购任何商品，两年的会员就到期了怎么办？没问题，只要将会员卡寄给我们，我们会将五美元连本带利退还给你。”不只退款，还连本带利，他想要传达给顾客的讯息是这样的：“我坚信你会购买，为了证明这项会员服务很棒，我要提供个超出你预期的服务给你。”厉害吧！

不过你提供给顾客的所有保证都一定要做到，而不是说说而已。之前我说 3D 齿雕提供一年内满意保证的那位医师，在我做完牙齿半年后就离开了那间牙医诊所，还好他当初做得不错，但总觉得哪里怪怪的。

隐私声明

隐私声明使用时机有两种：第一种是当顾客对于该网站感到陌生或者不信任时；第二种是当顾客对于购买该商品有隐私疑虑时。以上两种状况都可以通过隐私声明让顾客感到安心。

当顾客对于该网站感到陌生或者不信任时

此时，不论他要购买还是留数据，都会感到犹豫。如果不能解决他的疑虑，就会减弱顾客购买的动机，所以在网页上要提供基本的隐私声明，如“坚决保护你的隐私”或者“请放心，您在这里填写的数据，都受到严密保护”。

除了以上基本的隐私声明之外，还要有超链接引导到独立的隐私声明页。例如：为了支持个人资料的保护，以维护在线隐私权，××× 有限公司谨以下列“声明”，对外说明本网站在线收集使用者个人资料的方式、范围、利用方法以及查询或更正的方式等事项。若您对此隐私声明，或与个人资料有关的相关事项有任何疑问，欢迎您联络本站。

除了购买商品，还有一种情况是出现在订阅窗体或者名单搜集页的，因为顾客留下 E-mail 来获取信息，就算是免费订阅，顾客还是会担心 E-mail 被滥用，所以你可以给出不会滥用个人资料的保证，以强化顾客购买的信心。例如：捍卫你的隐私、我跟你一样痛恨垃圾信件、我只会寄有用的信息给你、你可以随时退订。早期隐私声明只会写一两句，但现在随着大家对个人资料的重视，还有一些过度的营销方式，隐私声明越写越多，就是为了让顾客对你有信心，这样他才能放心。

当顾客对于购买该商品有隐私疑虑时

例如，当你到屈臣氏买卫生棉的时候，店员会问你需不需要纸袋，就是保护你的隐私，体贴你因为买了卫生棉，被别人看见而感到的尴尬情绪。这样的服务不只帮到了女性，也大大造福了男性。

因为当男性帮女性买卫生棉时，这样尴尬的情绪更是到了最高点，有了纸袋，当男性离开屈臣氏时就不会感到不好意思了。不过，卫生棉还是自己买比较好，就像女性去帮男性买保险套一样会尴尬。不然就在网络上买就好。

顾客在买某些商品时，会希望不要让别人知道，最好全世界只有自己知道就好。典型的例子像是“情趣用品”或者“壮阳产品”，不管该品牌有多大、销量有多好，多数人都不希望产品送到家里时被任何人发现。

所以，如果你卖的是让顾客购买后会有隐私疑虑的商品，就要加强隐私声明。声明的范围不只是“坚决保护你的隐私”而已，要扩及产品包装并详加说明。例如：用纸箱寄送，并在外层用黑色塑料袋包装，配送单上只写收件人基本信息，而不透露商品详情。

如果你能发现顾客心底说不出的需求，及时化解他的疑虑，保护他的隐私，如此贴心的举动一定可以为你带来更多订单。

个人承诺

有一天早上我还没起床，手机传来叮叮咚咚的通知声，睁开眼睛一看，原来是连续 E-mail 的订单通知。一开始我搞不清楚怎么回事，后来才知道原来是有位曾培佑老师，他在脸书写了一篇文章，推荐我的“钞级文字力”在线课程。我起床仔细一看，哇！这篇不得了！曾培佑老师用了一个很关键的写法，让这篇文章的链接点击量持续上升。

他怎么写的呢？他在文章的中间提道：“我上了 Elton 的课，要说对课程的评价，只有五个字——实用性超高。”在结尾处又说：“我把这堂课推荐给你，如果你的工作需要文字的力量，Elton 的‘钞级文字力’，你一定要把握。”

这里头有什么奥妙吗？看起来就是一连串平凡的文字，也没有厉害的修辞技巧，到底关键在哪里呢？答案就是他写出了强力的“个人承诺”！这是以个人信誉担保做出的背书，所以会强化受众的信心，甚至让受众行动爆炸。

再举个例子，之前我在脸书上帮某位老师的课程写推荐文，通常脸书的帖文，按赞数一定比链接点击量高，但那次却是链接点击量大于按赞数，甚至大约是按赞数的 2.5

倍，算是成效卓越的一篇个人帖文。

那篇帖文固然有很多要素可以分析，但最关键的，也就是结尾那几句："我很少保证什么，因为这是押上了我的信誉。报名了这门课，我保证你不虚此行！"这里一样使用了强力的"个人承诺"。

使用个人化的强力承诺就一定有效吗？答案是不一定，因为个人承诺是有条件的。

第一，良好信誉。你必须有符合大众社会观感的良好信誉，同时足以影响一小群人，因为知名度决定影响力。

第二，偶尔使用。你不能每次都赌上个人信誉，就像一天到晚"梭哈"的人，告诉你"这个一定要买啦""这个东西我保证超好"，除非你跟他交情很好，否则你根本不会信他。

第三，产品一定要够好，否则顾客因为信任你而购买，最后却觉得被骗了，你就不只是失去了这次的生意，还会名誉扫地。

从以上三点就可以得知，个人承诺就是变卖你的信用，请谨慎使用。

通常推销别人的东西，比推销自己的好，因为推销自己的东西，拿捏不好，大家的感觉会是“老王卖瓜，自卖自夸”。但只要符合前述三个条件，即良好信誉、偶尔使用、产品够好，一样可以用来推销自己的东西，顾客会因为你的强大自信心而选择相信你。

除了霸气十足的个人承诺，也可以用诚恳的态度做出个人化的强力承诺，让这份保证更柔软，更能走入人心。例如：“我不是什么五星级主厨，也不是什么料理职人，我包这颗粽子，只是为了做出记忆中外婆的味道，只是为了做出连我的小孩也爱吃的粽子。请尝尝这颗粽子，我保证它将会是你这辈子最感动的味道。”感觉怎么样呢？你是不是更喜欢这种软性的写法？霸气十足，可以增添信心，但态度诚恳，才能走进人心。

※ 再看看其他范例

离梦想最近的时刻

这不是一本手账，是一场梦想的启航。365 天的陪伴，把你内在的旅程写下来，梦想才值得夸耀。还有专为钢笔精心打造的笔记本，记录你的所见、所闻、所感。灵感可能在走路时、可能在阅读时、可能在睡醒时突然冒出来，如果你不把它抓住，很快它就会飞去别的地方。

你可以买个三五本，一本放在你的包包里、一本放在你的书桌上、一本放在你的枕边，抓住稍纵即逝的灵感，未来你会感谢自己。其实，有质感的设计，就是灵感的来源之一。

这一次，写下梦想，也要抓住灵感。

而且你不知道的是，当你拿到手账与笔记本之后还会有什么样的惊喜，就像我当初也不知道竟然可以凭笔记本免费参加活动一样。至于什么活动，我保密，只能说，"微亮计划"的活动，这辈子没参加过一次，白活了。

这是你离梦想最近的时刻，募资今晚截止，手滑还来得及。

我已经买了。你呢?

"理性逻辑 + 感性情绪 + 信誉背书"等于最强的说服，当你累积了足够的信用，就能让顾客的信心爆炸。但有了信心之后，要如何让顾客实际采取行动呢?

Part 6

写了那么多，如何才能让顾客真的采取行动？

如果想让你的文字好卖，在结尾处最基本也最重要的就是“呼吁行动”。最基本的写法包括：立刻购买、抢先预定、了解更多等类似的清楚指引行动的短句。

然而我观察到两个有趣的现象，很多人会忽略“呼吁行动”，可能平常就不好意思推销，或者觉得这样会破坏文字的美感。但有些人呢，好像只会写呼吁行动，没有其他铺陈，缺乏让人行动的理由。不论是哪一种状况都不好。

如果你担心会破坏文字美感，那就写得委婉一点，因为结尾的“呼吁行动”怎么写，要考虑和前面文字的风格是否一致。如果前面文字写得很文青，最后却加上“火速行动”，当然会破坏美感。这就像去听一场陶笛音乐会，整场沉浸在悠扬婉转的陶笛声中，谢幕时，主持人却突然跳出来大喊：“来来来，今天现场就有卖陶笛演奏 CD，想要的人现在就来台前购买，动作快一点，动作快一点！”嗯，我想就算你本来想买，可听到主持人这样大喊，反而会让你觉得浑身不对劲，想立刻逃离现场吧！

但如果你只会写“呼吁行动”，而缺乏让人行动的理由，顾客又怎么会轻易埋单呢？想想看，如果有天你去买水果，当你还在挑选水果时，老板看到你只会说“赶快挑、赶快买、买就对了”，你是不是觉得一头雾水，又很烦。但如果老板对你说：“现在这个季节苹果最好吃了，而且很便宜，要不要带几颗？”这样听起来是不是舒服多了？或许你会因此就买了苹果。又好比去看预售屋，销售人员也不可能在你刚进门时就马上要你拿出斡旋金，而是会先介绍这间房子的特点，只有真的符合你的需求，你才可能会考虑购买，对吧？

Chapter 19

敦促：给顾客一个买爆的理由，其实很简单！

价格超值

让人采取行动，最重要的就是提供一个适切的理由，而价格超值是一个很有力的因素。分成三种：免费、对比与换算。以下分别说明：

免费

做法是在特定行动前加上“免费”两个字，如免费订阅、免费报名、免费取得、免费下载。或者在文字段落中强调“免费”，如真的通通都免费，全部放入购物车也不用钱！

以前只要冠上“免费”这两个字，几乎就是销售保证，因为顾客感觉不用付出成本就能免费拥有，有什么不好呢？

但是随着免费手法被滥用，顾客开始警觉：如果免费拥有这个东西，他会不会付出什么代价？有时候只是一个简单行动，让顾客能免费获得资源，如请他在脸书帖文下留言即可获得教学影片，就可能让人却步。当然，不是每个人都会顾虑这些，所以免费仍然有效，只是没有像过去那么有效而已。

还有，免费虽然好用，但要谨慎使用，因为一旦冠上“免费”这两个字，就容易让人觉得“廉价”，吸引不到高端顾客，除非你的品牌就是强调比别人便宜。

对比

对比就是原价多少钱，现在多少钱，如原价 3600 元，早鸟价 2500 元，通过前后高低价格对比，增加购买欲望。但记得千万不要只放优惠后的价格，因为顾客不会知道，也不会记得原价多少，如果只放优惠后的价格，就没有办法产生锚定效应，让顾客明确感受到价格的优惠。

虽然这个道理很好理解，但很多人会忽略，所以如果你的商品、课程或服务价格有优惠，记得一定要放上原价做对比喔！

换算

帮顾客计算现在的优惠让他省了多少钱，或者赚到多少钱，让优惠具体化。包括三点，即折扣比例、平均换算、现省或现赚。

1. 折扣比例

例如：原价 5000 元，折扣 1750 元，就是折扣 35%，要让顾客知道折扣的比例。或者相反，折扣 35%，5000 元就折扣了 1750 元，等于只要 3250 元，要让顾客知道折扣后实际付出的金额。

2. 平均换算

例如：6 件 300 元，所以一件多少钱呢？平均 1 件只要 50 元。虽然是多件优惠，顾客必须要买到一定的金额才能享折扣，但经过平均换算之后，就能让付出的金额感觉变得更少，知名电商平台“生活市集”就经常使用这样的营销方式，我也曾因此多买了好几件同样的商品。

3. 现省或现赚

现省就是现在能省下多少钱，现赚就是现在能赚到多少钱，其实是同一件事情。例如：原价 2500 元，现在只要 1000 元，现省 1500 元。或者原价 2500 元，现在只要 1000 元，现赚 1500 元。两者使用上的选择，在于你想要强调现省的感觉，还是强调现赚的感觉。

以上是第一个方法——价格超值，即从“价格”中找到超值的元素，可以分成三种：免费、对比与换算。第二招将延续第一招，从“利益”中找到优惠的元素，分别强调采取行动后可以省到或者赚到什么。

※ 再看看其他范例

- 即日起，零成本留学！
- 什么是热瑜伽？欢迎免费体验！
- 免费招待全家！按照申请顺序，限 ××× 名。
- 不用花钱就可以享用顶级牛排！今年夏天最超值企划。

- 不来是你的损失！第一次报名一律免费！
- 平均一天只要 3 元电费，智慧节能让你省更多。
- 买整组更划算，只要 ××× 就能带回家。

额外优惠

我曾看过一张很厉害的信用卡，海外最高 3.5%现金回馈，而且回馈无上限，光是这点就让人很想申办。但毕竟不是每个商品、课程或服务，都能提供如此大的优惠，所以我们可以强调购买商品后，额外得到的优惠有哪些，从“利益”中找到优惠的元素，分别强调采取行动后可以省到或者赚到什么。

省到

采取什么动作之后能够省多少钱，如结账时填入优惠码 ×××××，免外送费，明确告知可以省下什么，或者是现在购买能有什么好处。

例如：获得 3600 元折价券，顾客会去换算他购买商品以及获得折价券之间的比例，如果获得的折价券金额比例较高，如他购买的商品是 6000 元，但折价券却有 3600 元，等于下次购买时可以省下 3600 元，顾客就会觉得省了很多。

但要注意的是，如果给予下次折价和顾客购买商品付出的金额比例夸张得高，可能会有反效果。例如：顾客购买了 1 万元，却可以得到 5 万元的折价券，这样反而让人觉得其中有诈："我才花 1 万元，却能拿到 5 万元，是不是这些商品价值其实都很低，所以才会送这么多折价券？" 就算吸引到顾客购买，一定也是贪小便宜的人，对于长期营销不利。所以送折价券的金额要合理，不要让顾客因此而对你失去信任。

赚到

强调购买商品可以获得额外的利益，通常是购买后可以额外获得赠品，让顾客觉得赚到，很适合当作临门一脚。例如：现在购买"钞级文字力"在线课程，再送三大好礼，分别是 A 、B 、C 。

常见的赠品有实体赠品、虚拟赠品、服务赠品与活动赠品。以下分别举例：

- 实体赠品：送精华液试用包、现在购买加赠 10 颗、买手机送保护贴。
- 虚拟赠品：赠电子书、加码送在线课程、再送 ××× 软件。
- 服务赠品：1 小时面对面咨询、电话咨询或者在线咨询、计算机维修到府取件。
- 活动赠品：报名“文字行动力”课程，再送 1 堂“字游主义”读书会。

以上是第二个方法——“额外优惠”，即购买商品后可以省到或者赚到什么，借此强化购买动机。

※ 再看看其他范例

- 现在购买 ×××，使用振兴三倍券，即可获得 ×××。
- 登录送千元礼券，振兴券最高 1000 变 3500。
- 用 MOMO 卡，回馈 3.5%。
- 推荐好友申办，就送购物金 200 元。

- 填写问卷，就送课程折价券。
- 本课程含线下社群参与资格。

稀缺限定

提取“稀缺”与“限定”的讯息。“稀缺”,代表难以取得，所以产生价值感，以及因为害怕失去而带来的冲动感，做法是限时与限量。“限定”，则是因为群体区隔，所以代表特殊性，或者因为区隔所带来的尊荣感，做法是限人与限地。以下分别说明：

限时

通过促销档期创造时间限定，时间可能是一段区间，或者开始时间。

区间：圣诞节档期 12/15 ~ 12/25 期间限定。

截止：大薯买一送一，尚余 1 天 12 小时。（麦当劳）

开始：限定每天中午 12:30 开放登记抢购。

如果时间比较长，在日期后面可以加上星期几，也可以加上截止时间，如 23:59。特别是如果你的活动已经开始了一段时间，你在截止日当天要发提醒的信息，最好确定是 6/30(二)23:59 还是 7/1(三)00:00，用于避免消费争议。

限量

通过设定名额、数量、产能与库存。

数量：只有 100 个名额，只卖 1000 个。

产能：一头牛仅供六客。（王品牛排）

库存：只剩最后 8 个。

限人

通过设定特殊购买条件，创造资格限定，可能是身份或行为。

身份：会员限定、粉丝专属、订阅用户、老学员、VIP……

行为：填过问卷的人、携码申办。

限地

通过设定购买地点，创造地点限定。

例如：限台北地区、限 ××× 门市……

混合

限时、限量、限人、限地这四点很少单独使用，通常是其中几个混用，限时和限量这两点最常搭配。例如：只有 100 个，卖到明天早上九点。顾客的心里可能会浮现这样的声音："什么？只有 100 个？如果抢不到怎么办？什么？只到明天早上九点？如果明天早上我起不来怎么办？还是现在赶快下单好了。"

当你在混用限时、限量、限人与限地这四点时，可以思考的是，你想要强调哪一个重点，是限时，还是限量。确定好之后，将你想要强调的重点放在"呼吁行动"的最后面。例如：如果你想强调名额，就把名额摆在"呼吁行动"的最后面："卖到明天早上九点，只有 100 个。"如果你想强调的是时间，就把时间摆在"呼吁行动"的最后面："只有 100 个，卖到明天早上九点。"因为在心理学上，最后的信息给人留下的印象更深刻。

※ 再看看其他范例

- 预购期间，享早鸟优惠，只要 ×××。
- ××/×× 前注册，入会费享 6 折优惠。
- ××/×× ~ ××/×× 期间，春季特卖！用当季食材吃出健康。
- 今年底最后一场特卖会，保证最低价格，不会再有。
- 首次刊登广告即享本次优惠 NT.1500 元。（Google）
- 每堂课只收 15 位学员，才能照顾每一位学员的学习成果。

指引下单

前面提到的方法——价格超值、额外优惠与稀缺限定，都是最简单有效的理由，但千万别忘了，还有一个方法，也就是最基本的“指引下单”。

“指引”就是委婉地提醒顾客要采取的行动，如：了解详情、查看更多、前往领取。“下单”就是明确地告知顾客赶快购买，如：立刻购买、马上报名、手刀快抢。那该怎么使用？可以分类为平台、形式与价格，以下分别说明：

平台

常见网络平台，分成社群与网页。如果是在社群上，因为大家主要是来交朋友的，不是来看广告的，所以用指引会比较好，如：现在就去看看。但如果是在网页上，因为大家造访网页通常已经做好心理准备要浏览商品，所以在网页上可以直接用“下单”，如：现在点击按钮，用最优惠的价格，取得“钞级文字力”。

形式

按一般认知，将文字的形式分成文案与文章。文案偏商业营销，文章偏表达内容。如果是文案的形式，顾客在阅读时已经知道是一篇广告，应该做好了心理准备，所以除了考虑平台属性之外，直接用“下单”无妨。但如果是文章的形式，由于阅读文章的人本来只想看一篇有趣或有料的内容，看到最后却是广告，如果“呼吁行动”设计不好，导致文字转折太强烈，让人感到唐突，将可能减小采取行动的概率。所以文章建议用指引就好，特别是你没有把握时，不如保守一点。

当然，以上分类只是使用指引下单的基本指南，还要考虑文字的整体呈现。有时候摆明是一则广告，即便写法比较有情感，但文字出现在网页上，下单未必是最好的选项，因为突然在网页中加个立刻购买，可能会破坏气氛，还不如指引就好。

价格

价格也会影响指引下单的选择，低价商品因为购买决策速度快，所以用下单可以敦促行动；高价商品因为决策速度慢，所以多用指引少用下单。如果低价商品上使用多次呼吁行动，也可以前面用指引，后面用下单。但如果是高价商品，就要注意使用下单的频率，因为有时候催促得太频繁，会让人有商品价值降低的感受。

※ 再看看其他范例

- 立刻取得。
- 即刻拥有。
- 到这里看看。

- 打开传送门。
- 1 秒入手。
- 买起来。
- 还不买爆？

卖点重述

如果文字篇幅较短，文末的呼吁行动通常就是提供一个理由，再加上指引下单就行了，甚至可能只有指引下单就够。这么做并不代表理由不重要，而是理由已经在上面说明，距离呼吁行动很近，也没有什么价格超值、额外优惠、稀缺限定等可以补充说明，这时候不用硬写，以免打乱节奏感。

但如果你的文字篇幅较长，如在销售页上，即便你已写得很完整，但是当顾客从头看到尾，仍有可能会忘记前面的内容。所以在写呼吁行动时，可以把商品、课程或服务的主要卖点再次重申，以提醒你的顾客。

重述卖点除了提醒顾客之外，还有另一个作用，就是不是每个人都会按照你的铺陈从头读到尾，有些比较没耐性的顾客可能会跳着看，所以在呼吁行动时，重述卖点有助于帮没耐性的顾客了解重点。

以“钞级文字力”预购时的销售页中第一次的呼吁行动为例：

写出会卖的文字，就能让顾客喜爱你的品牌或事业，更能让顾客购买你的商品、课程或服务，通过一门课，打造属于你的“钞级文字力”！

你发现这段呼吁行动很长，因为“钞级文字力”预售的销售文整篇字数高达4000字，写到第一次的呼吁行动时，也已经超过1500字，所以必须要做一次重述卖点。

顺带一提，在销售信中，以“P.S.”补充说明，也是应用卖点重述方法。

组合范例

你已经学会了“价格超值”“额外优惠”“稀缺限定”“引导下单”“重述卖点”这五种呼吁行动的写法，你最喜欢哪一种呢？这五种方法有各自独立的使用方式，也可以混合在一起使用，光是写呼吁行动，就有数不尽的组合了。

接着我们来看一个混合式的呼吁行动。我在文化大学进修推广部开了“有营销力的文字写作课”，这是一门 12 小时的实体课程，下面的范例是 1.5 小时的说明会简介内容。当初我给他们课程介绍文，在说明会的销售页中，他们把呼吁行动组合得非常漂亮，所以用这段文字来作为范例：

有文笔没有营销力，你的文字没有脚，走不进读者的心里；

懂营销缺乏文字力，你的营销没有手，抓不住市场的游移。

这是一场从 12 小时完整课程中，

萃取出 1.5 小时精华关键的免费说明会，

要让你提前体验，

更能了解如何让文字拥有营销力！

快点选“加入购物车”预约参加免费课程说明会！

参加课程说明会并当天报名缴费完整课程者，还独享“有营销力的文字写作课”课程折扣1200元优惠。

我们来分析一下。“有文笔没有营销力，你的文字没有脚，走不进读者的心里；懂营销缺乏文字力，你的营销没有手，抓不住市场的游移。”这一段是描绘受众可能面临的痛苦。

“这是一场从12小时完整课程中，萃取出1.5小时精华关键的免费说明会，要让你提前体验，更能了解如何让文字拥有营销力！”这一段是这场说明会的卖点，也是痛苦的解决办法。

“快点选‘加入购物车’预约参加免费课程说明会！”这一句直接引导下单。

“参加课程说明会并当天报名缴费完整课程者，还独享‘有营销力的文字写作课’课程折扣1200元优惠。”这一段是额外优惠。

你学会了吗？是不是很简单呢？

通过本节，你已经学会结尾的呼吁行动写法了，包含“价格超值”“额外优惠”“稀缺限定”“引导下单”“重述卖点”。这些写法都比较直接，核心概念是：

行动＝理由＋引导

虽然这些呼吁行动的方法简单有效，但影响程度比较浅。我们也可以试着勾起顾客内心更深层的渴望，让影响力超越文字本身。该怎么做呢？

Chapter 20

选择：询问顾客：如果可以选择，你比较喜欢哪一个？

在结尾处给受众再一次选择的机会，通过联结不同的情绪，营造一种情绪落差的氛围，让他内在面对一个“选择时刻”，以促使他做出对我们有利的决定。

你想买一台烂车，还是买一台有品质的二手车？

（OS：嗯，如果要买二手车，当然是要有质量的啦！谁想要当冤大头呢？）

在“还是”之前是一个段落，在“还是”之后是另一个段落，因为两段情境不同，在受众心中各自变成一个选项。“你想买一台烂车”联结受众不想要的痛苦，“还是买一台有品质的二手车”联结受众想要的快乐。

现在，你可以继续学习文案写作，只是漂亮的文句并不保证能反映出漂亮的业绩。或者，你也可以现在采取行动，通过这 3 小时的学习，从此让文字成为你独有的印钞力！（文字销售力）

（OS：嗯，只要 3 小时的学习，就能让文字具有印钞力，看来是时候报名了！）

在“或者”这两个字之前，是一个段落，“或者”之后，又是一个段落。因为情境不同，在受众心中这两段文字，各自变成一个选项。“现在，你可以继续学习文案写作，只是漂亮的文句并不保证能反映出漂亮的业绩”联结的是受众不想要的痛苦，“你也可以现在采取行动，通过这 3 小时的学习，从此让文字成为你独有的‘印钞力’”联结的是受众想要的快乐。

现在，你可以继续自己摸索，只是独自摸索，不知何时才有成果。或者，你也可以现在采取行动，通过这 2 小时的学习，从此让学习事半功倍。（脑神在在 | 脑力开发课程）

（OS：嗯，记忆力不好已经困扰我很久了，如果能因为脑力开发让自己在学习上变得更轻松，也许可以试试看。）

在“或者”前后各自成为一个段落，“现在，你可以继续自己摸索，只是独自摸索，不知何时才有成果”联结了受众不想要的痛苦，“或者，你也可以现在采取行动，通过这2小时的学习，从此让学习事半功倍”联结了受众想要的快乐。

你可以选择利用情绪，让他成为你的发动机，也可以维持现状，让情绪继续当你的绊脚石。你选择哪个？（山姆王｜身心系统）

（OS：嗯，当然是让情绪成为发动机啦，谁想要绊脚石呢？）

“你可以选择利用情绪，让他成为你的发动机”联结的是快乐，“也可以维持现状，让情绪继续当你的绊脚石”联结的是痛苦，最后反问受众“你选择哪一个”，让受众自行做出选择。

网络社群时代，你可以靠文字崛起，享受时代红利；也可能因为文字绝迹，没入时代洪流。不同的结果，取决

于你在网络上使用文字的能力。学会文字沟通力，让你的用心被真心对待。（文字沟通力）

（OS：嗯，我也好希望让每次的投入、付出与辛苦，都能被看见。）

“网络社群时代，你可以靠文字崛起，享受时代红利”联结的情绪是快乐的，“也可能因为文字绝迹，没入时代洪流”联结的情绪是痛苦的。造成两者的差异在哪？原来“不同的结果，取决于你在网络上使用文字的能力”。当你读到这里是不是还有种未完待续的感觉？所以最后我再加上一句感性的喊话：“学会文字沟通力，让你的用心被真心对待。”

看到这里，你发现什么了吗？让“选择时刻”营造出情绪落差，一定是一个痛苦、一个快乐，通过人类两大本能驱动对比，让受众自行感受，促使他做出对我们有利的决定。

这样的选择时刻的核心内容是：

选择 = 低谷 + 高峰

即用比较委婉的方式激发顾客内心深处的渴望，让一些感受在他的心中持续发生作用。

现在你已经学会了敦促与选择，想想看，如果可以选择，你比较喜欢哪一个呢？

※ 再看看其他范例

- 你只是想变帅，还是一定要变帅？
- 你想一直存不到钱，还是开始变有钱？
- 如果不管买多少价钱都一样，你想挑一件就好，还是拿多几件比较好？
- 买屋，还是租屋？请找 ×× 房屋。
- 自由行，还是跟团？到这里挑你想要的行程。
- 想上实体课程，还是想买在线课程？可用你喜欢的方式学习。
- 普通的课程只能解决特定的问题，所以你必须不断地学习，才能持续成长；但只有真正高阶的课程，才能让你获得启发，全面提升自我的能力！如果可以选择，你比较喜欢哪一个？（文字影响力）

结语

感谢你阅读本书，当你读到这里，大概已经看完了所有的内容。在你阖上书本之前，让我再和你分享一个小故事。

我有一位学员是新娘秘书。从前她对于文案写作感到十分困扰，脸书粉丝专页的帖文每次都不知道要写什么，也不太会写，于是她报名了我的某一门课程。

自从她在8月份上完课之后，她觉得自己比以前会写了。在一周一篇的发文频率下，没想到到了10月份，年底的预约竟然都已经排满了。当她在我的另一门课程分享这段故事时，我看到她眼里闪耀着光芒，那样自信。

因为我说“最好的故事就是自己的初心故事”，于是她又花了一下午写了自己的故事（已收录在本书中），完成之后她看着自己产出的文字，惊讶地表示连自己都感到不可思议！因为尽管她好像有好多故事可以讲，但她以前从来没想过自己可以写得出来，而且还把自己想写的感觉都写出来了。这一次，我不是听她讲，而是看着手机上的LINE感受她的心情，她的喜悦并没有因为受限于文字而变得模糊。

我经常听到学员分享这类的故事，每一次我都很为他们感到开心，这就是为什么我坚持在培训产业方面努力，因为我看到了学员课后的种种改变。

我们已经通过好几万字相处了一段时间。接下来，我要把时间交还给你。因为有些改变，需要一点时间去酝酿，而每个人所需要的时间并不一样。

相信在未来的某一天，我们还会再相见。

期待那一天的到来，你会有好多好多的故事想和我分享，关于你的启发、你的收获、你的改变，还有你对未来的期待。

我会一直等你，直到那一天的到来。

我相信你。

也请你，相信自己。